예루살렘
성지·전장

사이시리즈 10 | 종교와 종교 사이
예루살렘, 성지 · 전장

초판 1쇄 발행 2014년 8월 30일
초판 2쇄 발행 2015년 12월 10일

지은이 차옥숭 • **펴낸이** 임성안 • **펴낸곳** (주)그린비출판사 • **주소** 서울 은평구 증산로1길 6, 2층
전화 02-702-2717 • **이메일** editor@greenbee.co.kr • **등록번호** 제313-1990-32호

ISBN 978-89-7682-235-2 03210
이 도서의 국립중앙도서관 출판시도서목록(CIP)은 서지정보유통지원시스템 홈페이지(http://seoji.nl.go.kr)와
국가자료공동목록시스템(http://www.nl.go.kr/kolisnet)에서 이용하실 수 있습니다.(CIP제어번호: CIP2013016859)

저작권법에 의하여 한국 내에서 보호를 받는 저작물이므로 무단전재와 무단복제를 금합니다.
책값은 뒤표지에 있습니다. 잘못 만들어진 책은 서점에서 바꿔 드립니다.

나를 바꾸는 책, 세상을 바꾸는 책 www.greenbee.co.kr

이 저서는 2007년도 정부재원(교육과학기술부 학술연구조성사업비)으로 한국연구재단의 지원을 받아 연구되었음(NRF-2007-361-AL0015).

사이 시리즈

10

종교와 종교 사이

예루살렘
성지·전장

차옥숭 지음

ㅎB
그린비

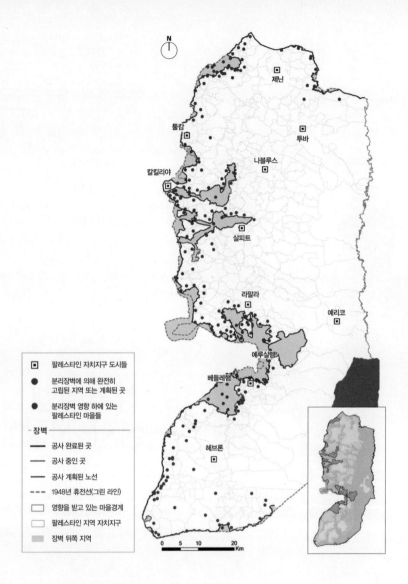

N

제닌

툴캄

투바

칼킬리야

나블루스

살피트

라말라

예리코

예루살렘

베들레헴

헤브론

□ 팔레스타인 자치지구 도시들

● 분리장벽에 의해 완전히
  고립된 지역 또는 계획된 곳

● 분리장벽 영향 하에 있는
  팔레스타인 마을들

장벽

── 공사 완료된 곳

┈┈ 공사 중인 곳

── 공사 계획된 노선

- - - 1948년 휴전선(그린 라인)

▢ 영향을 받고 있는 마을경계

□ 팔레스타인 지역 자치지구

▨ 장벽 뒤쪽 지역

0 5 10   20
─────────────── Km

2011년 12월, 웨스트 뱅크(팔레스타인 자치 정부)의 영역(가자 지구 제외) 지도. 작성 시점 기준으로 분리 장벽 공사가 61.8% 완료된 상태이고, 길이는 약 708km에 달한다. 앞으로 8.2%가 추가로 공사가 진행될 것이고 30%는 계획되어 있지만 아직 진행은 되고 있지 않다. 공사가 완료되면 웨스트 뱅크의 9.4%는 고립 지역이 될 것이다.

예루살렘과 베들레헴 사이에 있는 분리 장벽. 베들레헴 안에서 바라본 모습이다. 중간 중간 감시 초소가 만들어져 있으며 지나가는 사람을 보면 장벽의 높이를 가늠해 볼 수 있다. 경계선 안 베들레헴 쪽에 라헬의 무덤이 있었으나 이스라엘은 라헬의 무덤을 예루살렘 쪽으로 편입시켰다.

(上) 통곡의 벽. 대성전 서쪽에 나 있는 벽이기 때문에 유대인들은 서쪽 벽이라고 부른다. 헤롯 왕이 성전과 성전터를 화려하게 복원하고 확장했으나 로마군에 의해 파괴되었고, 유대인들의 출입이 금지되었었다. 중세에 유대인들은 이곳 서쪽 벽에 와서 대성전이 파괴되고 나라 잃은 신세를 한탄하며 슬피 울며 기도하였다. 그 모습을 유럽인들이 보고 붙인 이름이 통곡의 벽이다.

(下) 동쪽에서 본 바위 돔 사원. 무슬림 전승에 의하면 바위 돔 사원은 아브라함이 이스마엘을 제물로 바치려던 바위 위에 지어진 건물이다. 왼쪽의 작은 돔 건물은 '다윗의 법정'으로 쇠사슬 사원이라고도 부른다. 무슬림 전승에 의하면 다윗 왕이 재판을 할 때 누군가가 거짓말을 하면 쇠사슬이 떨어졌다고 하며, 무슬림들은 바로 이곳에서 최후의 심판이 일어날 거라 믿는다.

(上) 예수님 무덤. 예수께서 묻히시고 부활하신 무덤 위에 지어진 무덤. 1808년 대화재 이후 다시 복원된 것이며, 무덤 위는 열두 사도를 상징하는 별 모양의 둥근 돔으로 장식되어 있다.

(下) 성목요일 미사. 성주간 성목요일, 무덤 성당 예수님 무덤 앞에서 예루살렘 총대주교의 집전으로 봉헌하는 미사 모습.

(上) 명상 센터 '침묵의 집'의 외부

(下) 네베 샬롬의 '두 민족 두 언어 학교' 교사와 학생들

차례

서문

아득한 인류의 기원 이래 인간의 의식이 확대되고 인류가 삶의 의미에 대한 진지한 관심을 갖게 됨에 따라 각각 그 자신의 궁극적인 해답을 제시하는 많은 종교가 존재해 왔다. 이처럼 종교현상 자체는 인류의 기원과 더불어 계속되어 온 것이고, 이러한 현상에는 삶의 고통이나 죽음 속에서 어떤 의미를 찾고 삶의 일회성을 초극하려는 인간 존재의 몸부림이 담겨 있다. 거기에는 공간적 제약을 초월하려는 영원과 무한을 향한, 영원한 자유로움을 향한 인간의 마음이 담겨 있다. 따라서 종교는 인간의 꿈과 희망, 절망을 넘어서려는 한 개인이나 공동체의 궁극적 가치들을 표현한다고 할 수 있다.

종교 연구는 인간 안에 종교적 맥락에서만 이해되는 그 무엇이 있다는 사실에 착안해 인간을 그 근원적 바탕에서 이해하려는 목적으로 시작된다. 조너선 스미스의 말처럼 종교는 인간이 의미의 세계를 만들어 가는 하나의 양식이고, 따라서 종교를 연구한다는 것이 '인간됨의 진실'을 발견하려는 인간의 열정과 드라마를 살피는 작업이라면 인간의 실존에서 종교가 중요한 위상을 차지하고 있다는 사실은 새삼 확인할 필요가 없을 것이다. 또한 모든 문화는 언제나 일정한 종교와 밀접한 관계가 있다. 종교현상들은 모든 문화 속에 보편적으로 발견되기 때문에 종교는 인류의 역사와 문화 연구에 필수적인 부분을 차지한다. 종교는 문화의 한 부분인 한편, 다른 부분들을 규제하고 이끄는 바탕이 된다는 의미에서 문화 전체를 포용한다. 해당 종교에 대한 신념 여부와는 별개로, 중요한 것은 각 종교가 그 문화권의 인간 이해를 형성하고 담고 있다는 사실이다. 따라서 한 문화의 종교를 이해한다는 것은 그 문화권에 사는 사람들의 내면적 가치와 이상을 파악하는 것과 같다.

　　종교의 근본 목적은 인간을 살리는 데 있다. 그러나 때때로 단선적이고 편향된 종교 이해가 인류를 고통과 위기로 몰고 갔던 사실을 우리는 보아 왔다. 여기에서 주목할 것은 종교를 역동적으로 살아 움직이게 하는, 그래서 종교가 인간 삶의 궁극적인 해답 체계이자 근원적인 요소로서 자리 잡게 하는 종교 경험들이 천차만별이라는 점이다. 설사 똑같은 경험이라 하더라도 어떤 종교 전통과 문화에 몸담고 있느냐에 따라서 상징적인 언어와 해석의 틀이 다르다. 그러나 비록 다양한 종교와 문화 전통에 속한 사람들이 내적 의식 상태에서 각기 다른 메시지를 이끌어 낸다 하더라도 그 내적 의식 안에는 동일한 구조가 존재한다는 사실을 놓쳐서는 안 된다.

　　예를 들면 일원론적 세계관과 이원론적 세계관에서 제시하는 삶과 죽음 이해는 다르다. 한편에서는 끊임없는 윤회와 환생 혹은 이 세상 삶의 유일회성을 이야기하기도 한다. 그러나 삶은 죽음과 분리될 수 없다. 사람들은 삶을 통해 죽음을 묻고, 또 죽음을 통해 삶을 묻는다. 따라서 모든 종교는 죽음의 문제를 새로운 삶과 연관 지어 답한다. 이때 죽음은 탄생과 단일한 신비에 놓이게 되고, 죽음은 내세의 새로운 생명의 빛 아래서 이해된다는 점에서 동일한 구조를 가진다.

그렇다면 이러한 맥락에서 인류사를 통해 지속되어 온 종교와 종교 사이의 갈등과 긴장을 어떻게 보아야 하는가?

인류 역사의 대부분 기간 동안 사람들은 자신의 문화나 신조 안에 갇혀 다른 사람들의 사상이나 가치를 살펴볼 생각을 거의 하지 않았다. 오랫동안 종교 전통에서 자기 전통과 다르거나 낯선 것은 하나의 도전으로 받아들여졌다. 그리고 그것은 항상 그 종교의 자기방어적인 해석 활동으로 극복되어 왔다. '다름' 혹은 '낯섦'에 대한 전형적인 대응 전략은 그것을 자기 종교의 일정한 방식으로 설명함으로써 그것의 위험을 제거하는 것이었다. 이때 '해석'이라고 하는 것은 타자를 해석자 자신의 이데올로기에 편입시켜 기술함으로써 강력한 아노미적 다양성의 혼돈을 제거하는 활동이었다. 타자의 성스러운 체계를 타자의 관점, 즉 그들 자신의 본질적인 세계 지각 방식에 따라 이해하려는 태도는 매우 드문 것이었다. 최근에 와서야 이러한 태도가 등장하기 시작했다. 따라서 이 세상의 다양한 종교 전통은 지리적 거리만이 아니라, 이러한 인지적인 자기 보호 장치에서 나오는 편견의 방패 때문에 각기 접근 불가능한 어둠 속에 놓여 있었다는 것을 주목할 필요가 있다(Paden, *Religious World: The comparative Study of Religion*, p.16).

여기에 종교적 갈등이 내재되어 있다. 종교적 근본주의는 자신이 속한 개별 종교 전통의 절대성에 대한 확신에 그 뿌리를 두고 있다. 그러나 그러한 확신이 배타적 독선과 결부되면 사회의 안정과 평화를 크게 저해한다는 것은 자명한 사실이다.

이러한 종교와 종교 사이의 갈등을 가장 확연하게 보여 주는 종교가 유대교, 그리스도교, 이슬람교이다. 이 세 종교는 같은 아브라함의 하느님, 모세의 하느님, 야곱의 하느님을 고백하고 있다. 그럼에도 예루살렘을 두고 오늘날까지도 서로 피를 흘리며 싸우는 세 종교 사이의 갈등의 원인은 무엇일까?

유대교, 그리스도교, 이슬람교는 오랜 역사적 배경과 사회적 변화 속에서 서로 밀접히 상호작용하면서 다양한 종교 문화의 지형을 형성해 왔다. 또한 세 종교는 수많은 문화적 사안들의 핵심적 요소이며 우리가 살고 있는 세계와 역사적 상황 전개에 중요한 요인이 되기도 한다. 따라서 세 종교가 상호 교섭하며 펼치는 다양한 역학 관계 구조를 탐구하고, 체계적으로 분석하고, 동시에 포괄적으로 이해하기 위해서는 방법론적 다원론과 학제 간 연구에 근거를 두어야 한다. 본래 종교 문화 연구에는 인류학, 심리학, 사회학과 같은 사회과학에 기초한 연구들과 역사학, 언어학, 철학, 정치학과 같은 인문학에 기초한 연구들이 모두 포함된다.

이처럼 다양하고 복합적인 종교 문화에 관한 객관적이고 진지한 연구를 통해 인간의 삶과 모든 생명에 대한 올바른 이해를 축적하고 종교와 문화가 맺는 본질 관계를 조명해 보고자 한다.

1981년 독일에 유학 중이었던 나는 그곳에서 제3세계 여성들 모임에 2박 3일 동안 참석했다. 처음 각자 자신을 소개하는 자리에서 한 여성이 "나는 이스라엘에서 왔습니다. 그러나 나는 팔레스타인 사람입니다Ich komme aus Israel, aber ich bin Palaestinenser"라고 자신을 소개했다. 그때 나는 'Palaestinenser'라는 단어를 이해하지 못했다. '무슨 말이지? 12지파 중 하나는 아닌데……'라고 생각했다. 나는 경영학을 공부한 그 친구와 한방을 사용하게 되었고, 첫날밤을 지새우며 그 친구로부터 팔레스타인과 이스라엘 문제에 대해 듣게 되었다. 그들의 슬픔과 고통이 그대로 전해져 오면서 솔직히 나의 무지가 부끄럽고 그 친구에게 미안했다. 그리고 처음으로 모른다는 것이 때로는 폭력이 될 수 있음을 알았다.

고등학교 때 신문 기사를 읽고 깊은 감명으로 잊히지 않는 이름이 있다. 엘리 코헨Eli Cohen(1924~1965년). 그는 1967년 6일 전쟁(6월 전쟁)에서 난공불락을 자랑하던 시리아의 요새 골란 고원을 이스라엘이 단 10시간 만에 완전히 함락하여 승리할 수 있도록 이스라엘에 결정적인 정보를 제공했던 스파이로, 시리아에서 체포되어 공개 처형되었던 인물이다. 그 밖에 1948년 이스라엘 독립전쟁의 영웅, 모세 다얀Moshe Dayan 장군 등 어린 시절 영웅으로 내 마음속에 자리 잡은 인물들이 있다.

얼마나 일방적인가? 이스라엘 영웅들은 소개하면서, 이스라엘 국가가 수립되는 과정과 6월 전쟁으로 얼마나 많은 팔레스타인 사람들이 땅을 빼앗기고 고향을 등져야 했으며, 점령지의 사람들이 어떤 고통 속에서 하루하루를 살아가고 있는지는 어떠한 정보도 제공되지 않았던 것이다. 그 당시 팔레스타인해방기구Palestine Liberation Organization, PLO는 가장 무서운 국제 테러단체로 알려졌었다. 나는 그날 땅을 빼앗기고 고향을 등진 오갈 데 없는 사람들이 만든 단체가 팔레스타인해방기구라는 것을 알았다.

이슬람 하면 제일 먼저 떠오르는 것은 어려서 교과서에서 배웠던 "한 손에는 코란, 한 손에는 칼"이다. 우리는 이슬람과 그리스도교 국가 간의 전쟁에서 이슬람을 잔인하게 선전하기 위해 사용되었던 구호를 어린 시절 교과서에서 보고 배웠다. 우리는 서구 중심의, 균형을 잃어버린 교육을 받아 왔다. 그뿐이겠는가? 분단으로 인한 이념 논리 속에서 너와 나, 흑과 백을 나누고, 비판적 수용이 아니라 일방적으로 한쪽을 선택해야 하는 주입식 교육을 받아 왔다.

나는 이 글을 준비하면서 중요한 판단 기준을 갖게 되었다. 너와 나, 남자와 여자, 종교와 종교, 민족과 민족, 인종과 인종 사이의 경계를 지으면 지을수록 상대방에 대해 무지하게 된다. 그 무지는 몰이해를 부르고 몰이해는 최악의 경우 적대감과 증오를 불러일으키고 끝내 폭력적이 되면서 진실과 평화로부터 멀어진다는 것이다.

때로 종교는 모든 종류의 적들에 대해 종교의 이름 아래 가하는 폭력을 허용한다. 팔레스타인 젊은이들로 하여금 인간 폭탄이 되어 공공장소에서 자폭하도록 하거나, 광적인 유대인 정착민들에게 이웃 팔레스타인인들을 무차별적으로 살해하도록 동기를 부여하기도 한다.

나는 2002년과 2010년, 두 차례 이스라엘을 방문했다. 2002년에는 한국학술진흥재단의 연구 과제 '종교다원주의 도전과 3대 유일신교(유대교, 그리스도교, 이슬람교)의 적응과 전개 과정'의 연구 목적으로 그리스, 터키, 이집트, 이스라엘을 방문했다. 이스라엘에서 예루살렘 대학 교수로 있는 팔레스타인 사람 둘, 출판국장으로 있는 유대인 랍비, 가톨릭 신부를 만났다. 2010년에는 이화여대 인문과학원 아카이빙(이주, 전쟁)을 위한 방문으로 여성 여섯, 유대인 둘, 팔레스타인 사람 둘, 유대인과 혼인한 한국 여성, 팔레스타인 사람과 혼인한 한국 여성을 만났다.

방문 당시 나의 관심은 주로 세 종교 사이의 핵심적인 갈등의 원인은 무엇이며 유사점과 차이점은 무엇인가, 세 종교가 예루살렘을 두고 어떤 갈등을 겪었는가, 세 종교 사이에 상호 공생, 공존, 소통과 조화의 역사는 없었는가, 오늘날 이스라엘과 팔레스타인의 문제는 무엇인가였다. 그리고 무엇보다 그곳에서 오늘날 종교와 종교 사이의 경계를 넘어, 죽음과 절망을 희망으로 바꾸려는 사람들의 움직임을 보고 싶었다.

대담 내내 그들은 각자의 입장에서 현재 이스라엘과 팔레스타인이 처해 있는 상황을 설명했다. 그러나 여성들의 대담 내용에서 공통적인 것은 '우리 아이들을 더는 땅에 묻고 싶지 않다'는 것이었다. 나는 이들과의 대담 내용과 그 밖의 자료들을 참고로 내가 관심을 가졌던 문제들을 살펴보고자 한다.

1장에서는 유대교, 그리스도교, 이슬람교 사이에 동일한 전승과 대립된 전승이 있어 갈등이 잠재되어 있는 예루살렘을 중심으로 상호 교섭하며 펼쳐진 역사적 상황 전개와 세 종교에서 각기 예루살렘이 갖는 의미를 살펴보았다. 그리스도인들에게 예루살렘은 유대인들과는 다른 의미를 갖는다. 예루살렘은 1800년이 넘는 해외 이산 기간 동안 이스라엘 민족을 단결시키는 구심점이 되었다. 이처럼 유대인들에게 예루살렘은 유대 민족과 하나로 묶이지만, 그리스도교인들에게 예루살렘은 그들이 믿는 종교의 근원에 가 보고자 하는 열망과 연결된다. 그들은 성경의 기록과 관련하여 예수 그리스도가 서 있던 곳, 가르치던 곳, 기도하던 곳, 그리고 예수가 고통받던 곳에서 거룩한 근원과 교감을 통해 과거를 현재화한다.

무슬림들에게 예루살렘은 위대한 예언자들의 도시이며 '고귀한 성소'이다. 또한 무슬림들에게 예루살렘은 무함마드가 재림해 올 곳이며, 그때가 되면 메카와 메디나가 일어서서 예루살렘을 향해 큰절을 하게 된다고 믿고 있기에 결코 포기할 수 없는 성지가 된다.

예루살렘을 통치했던 통치자 중 소수를 제외하면 이슬람만큼 다른 종교 전통에 포용적이고 관용적인 종교 전통은 찾기 어렵다. 따라서 '중세 무슬림들은 다른 집단보다는 다른 여러 종교에 대해 폭넓은 지식을 갖고 있었으며 다른 지역의 신앙을 평가하는 데 유대교나 그리스도인들보다 훨씬 객관적'이었음을 살펴보았다. 또한 세 종교가 자신을 둘러싼 사회적·역사적 맥락에서 제기되는 질문에 어떻게 응답하면서 중요한 정치적 변동과 '상호작용'하며 '주변 세계를 형성'했는가를 조명했다.

2장에서는 타 종교 문화와의 교섭과 시대적 정황에 적응과 변화를 가져올 수밖에 없었던 세 종교의 공유점과 차이점은 무엇이며 세 종교의 경계를 가로지르며 소통 가능성은 무엇인지 살펴보았다. 그리고 세 종교의 다종교 상황에 대한 반응과 적응을 살펴보았다. 유대교의 반응은 기원전 586년 바벨론 포로기까지 거슬러 올라간다. 그러나 여기에서는 간략하게 영향력 있는 유대교 지도자들의 몇 가지 의견을 소개하고 다음의 과제로 남겨 놓았다. 특별히 폭넓게 연구가 활발하게 이루어지고 있는 그리스도교 종교다원주의 신학자들을 소개했다. 그들의 연구가 경계를 가로지르며 소통 가능성을 제시해 주고 있기 때문이다.

그리스도교는 오랜 세월 토착인들의 종교와 문화, 타 종교들을 긍정과 부정, 빛과 어둠의 대조적인 묘사를 통해 그리스도교의 절대성을 주장해 왔다. 그러나 18세기 중엽 서유럽을 중심으로 출현한 계몽주의는 유럽 사회의 종교적 패러다임에도 근본적인 변화를 몰고 왔다. 인간의 이성에 대한 믿음 위에 합리성과 진보를 기치로 내세운 새로운 사조는 '다양한 종교 전통에 대한 이해와 관용의 정신'을 낳았다. 따라서 종교적 신념과 교리의 차이를 이유로 타자와 타 집단을 폭력의 희생물로 삼는 것을 더는 용납하지 않기로 합의한 것이다. 국가 권력과 종교의 분리를 전제하는 이른바 정교분리 원칙은 이러한 신앙의 자유를 보장하기 위한 제도적 장치로 등장했다. 그리고 이러한 종교 자유 및 정교분리 원칙을 인식론적 차원에서 지지하고 공고화하는 것이 바로 종교다원주의적 사고이다. 이러한 다종교 상황에서 그리스도교가 어떻게 그리스도 중심에서 신 중심으로 패러다임 변화를 통해 타 종교들과의 소통 가능성을 열어 놓고 있는지를 살펴보았다.

이슬람 또한 이슬람 제국의 팽창과 더불어 무슬림들이 새로이 정복된 지역에서 수많은 문화적·정치적·종교적 전통에 노출되었고, 이는 학자들에게 많은 과제를 안겨 주었다. 따라서 학자들이 타 종교와의 관계에서 어떻게 단순하고 명확한 꾸란Qur'an과 하디스Hadith의 명제들을 철학적으로 설득력 있는 교리적 틀 속에 담는 작업을 했는지 살펴보고, 이슬람의 신비주의 수피즘을 살펴봄으로써 종교들 사이의 경계를 넘는 소통 가능성을 가늠해 보았다.

3장에서는 오늘날의 팔레스타인 문제를 어떻게 볼 것인지를 살펴보았다. 프랑스에서 있었던 간첩 조작사건인 알프레드 드레퓌스 사건을 계기로 일어난 시온주의 운동으로 19세기 유대인들의 식민화를 목표로 하는 이민의 물결은 팔레스타인에 결정적인 변화를 가져왔다. 영국의 위임통치 시기 동안 시온주의의 접근법은 대지주들로부터 토지를 사들이고 소작인들을 쫓아내는 것이었다. 위임통치기에 사유지의 20% 이상이 부재지주의 소유였다. 시온주의자들에게 가장 쉬운 방법은 명사 중 가장 민족의식이 없는 부재지주들로부터 토지를 사들이는 것이었다. 1947년 유엔은 총회 결의 181호로 팔레스타인 전 지역의 56.4%는 유대 국가에, 42.88%는 아랍 국가에 할당하고, 예루살렘 국제 지구로는 0.65%를 할당했다.

그 당시 팔레스타인인들은 전 지역 중 87.5%를 소유했던 반면 유대인들은 6.6%만 소유하고 있었으며, 나머지 5.9%는 영국 위임통치청이 자국의 토지로 분류한 국유지였다. 당연히 팔레스타인인들은 유엔 분할안을 거부한 반면 유대인들은 이를 받아들여 1948년 전쟁이 발발했다. 전쟁 결과는 팔레스타인에 참혹했다. 이스라엘은 전 팔레스타인 지역의 78%를 장악했으며, 나머지 22% 중 가자는 이집트, 웨스트 뱅크는 요르단의 통치 하에 1967년 6월 4일까지 놓이게 되었다. 이스라엘 유대인들이 '독립'의 순간으로 기념하고 팔레스타인인들이 '대재앙'의 순간으로 애도하는 1948년 이후 이스라엘 노동당, 리쿠드당 정부에 의해 법률로 명문화되고 제도화된 팔레스타인 재산의 몰수와 팔레스타인인들의 배제가 시간이 흐르면서 어떻게 조직적으로 강화되었는지를 조명했다.

1967년 내려진 "부재지주의 모든 재산은 '이스라엘 관리인'에게 양도된다"고 규정하고 있는 포고령 58호 이후 토지 몰수 과정과 점령지 전역에서 이스라엘인들과 팔레스타인인들을 분리시키면서 인종차별 정책을 성공적으로 실행하기 위한 필수적인 토대가 된 정착촌과 관통도로, 그리고 팔레스타인인들이 일거에 이동의 자유를 박탈당한 분리장벽과 검문소 설치를 살펴보았다.

또한 1차·2차 인티파다가 일어나고 그때마다 내놓는 평화협정이 결과적으로 이스라엘의 현재 상황을 강화시켜 주었다는 것을 살펴보았다. 이스라엘과 팔레스타인을 나누는 분리장벽의 길이는 약 700km(우리나라 38선 길이는 250km)로 장벽의 10%는 8m 높이의 콘크리트벽으로 만들어졌다. 2013년 9월 웨스트 뱅크 안에는 99개의 상설 검문소와 174개의 임시 검문소가 설치되었다. 2013년 8월에는 288개의 임시 검문소가 조사되었다.

4장에서는 전쟁과 증오 없는, 서로를 존중할 줄 아는 세상을 희망하면서 민족과 종교를 넘어 활동하는 여성들의 평화를 위한 연대 활동을 살펴보았다. 또한 직접 현장에서 만나 대담한 내용을 통해 그들의 고통과 희망을 소개했다.

나가는 말에서는 종교와 종교 사이를 넘어 희망을 길어 올리는 공동체를 소개하면서 이 연구의 끝을 맺었다.

이 책을 만드는 데 도움을 주신 분들에게 감사드린다. 이스라엘에 관한 정보와 자료, 그리고 책에 담은 사진들을 보내주시고, 평화의 마을 네베샬롬 관계자와 대담을 해주신, 이스라엘 무덤 성당에 계시는 김상원theophilo 신부님께 고개 숙여 감사드린다. 그리고 원고를 처음부터 끝까지 꼼꼼하게 읽어주시고 조언을 해주신 기독교서회 서진한 목사님과 이화여대 김현숙 교수님께 진심으로 감사드린다. 책을 만들어 주신 그린비 편집진들과 책이 나올 수 있도록 후원해 주신 이화여대 인문과학원 선생님들께 감사드린다.

뭔가 많이 부족하고 채워지지 못한 허전함을 가지고 이 책을 내놓는다.

봄과 여름의 경계에 서서
차옥숭

【1장】
예루살렘의 종교적 의미

성스러운 산은 지상을 천상하고 연결시키는 세계의 축이므로 어떤 의미에서는 하늘에 닿아 있고 따라서 세계의 가장 높은 지점을 보여 주고 있다. 이스라엘의 전설에 의하면, 팔레스타인은 지상에서 가장 높은 지대에 있는 나라여서 노아의 홍수에도 가라앉지 않았다고 한다.

예루살렘 신전의 기초를 이루는 돌을 대지의 배꼽이라 했다. 팔레스타인, 예루살렘 및 신전은 각각 우주의 형상과 세계의 중심을 표상한다(엘리아데, 『성과 속』, 67쪽).

위의 문장에서 나오는 '세계의 축', '대지의 배꼽', '우주의 형상', '세계의 중심' 등의 표현은 종교적인 경험을 바탕으로 성지나 성산 등 성스러운 공간을 설명할 때 쓰이는 상징적인 표현들이다.

궁극적인 실재와의 소통이 가장 원활하게 되는 성스러운 공간은 지상과 천상을 연결해 주는 '하늘의 문'이 되며, 지금까지의 무질서(카

오스)가 질서(코스모스)로의 이월이 가능한 곳으로서 근원적이고 궁극적인 곳이 된다. 종교적인 인간은 성스러운 공간에서의 경험으로 전혀 새로운 삶의 양태로 전환할 수 있으며 그곳에서 '세계를 발견하고' 진정한 의미에서 삶을 획득하게 된다(엘리아데, 『성과 속』, 57~59쪽).

나는 처음 예루살렘을 방문했을 때 시온 성문Zion Gate* 주변에 어지럽게 나 있는 전쟁의 상흔인 총탄 자국을 보면서 이곳을 어떻게 성지라고 할 수 있을까 하는 의구심이 들었다.

예루살렘에서 참담한 전쟁으로 수없이 많은 사람이 죽어 갔던 것이 어제오늘 일은 아니다. 그럼에도 예루살렘은 지금도 유대인, 그리스도교인, 무슬림들의 순례 행렬이 끊이지 않는 성지다. 예루살렘이 세 종교에 주는 종교적 의미는 무엇일까?

예루살렘 올드시티 안에는 3000년의 역사를 가진 수많은 크고 작은 유적지들이 있으며 특히 유대인들과 그리스도교인들 그리고 아랍인들에게 소중한 성지인 성전산과 통곡의 벽, 성묘 교회(부활 성당 또는 무덤 성당이라고 부르기도 한다)와 올리브 산, 황금사원인 바위 돔 사원Dome of the Rock과 알 악사 사원Al-Aqsa Mosque이 있어 긴장과 크고 작은 분쟁이 끊이지 않는 복잡한 곳이다. 또한 대성전을 비롯해 곳

---

* 시온 성문은 예루살렘 성 유대인 구역에 있는 성문으로 남서쪽 중간 지점에 있으며 1540년경에 지어졌다. 1948년 이스라엘 독립전쟁 때 유대인들이 유대 지역을 잠시 점령하지만 곧 아랍 군대에 빼앗기게 된다. 그러나 1967년 6일 전쟁에서 이스라엘 군대는 시온 성문을 통해 통곡의 벽과 유대 지역을 탈환한다. 시온 성문 성벽에 나 있는 총탄 자국은 이때의 상흔을 볼 수 있는 자국들이다.

그림 1 올리브 산에서 바라본 예루살렘 올드시티. 오른쪽의 성곽으로 둘러싸여 있는 곳은 솔로몬 왕이 지었던 예루살렘 대성전 터 위에 무슬림들이 지은 바위 돔 사원이고, 왼쪽 성벽에 있는 잿빛 둥근 돔은 '먼 곳의 사원'이라는 뜻을 가진 알 악사 사원이다. 무슬림 전승에 의하면 무함마드가 메카에서 부라크라고 하는 날개 달린 백마를 타고 와 신의 마지막 계시를 받으러 하늘로 올라 밤하늘 여행을 한 장소이다

곳의 유적지들을 두고 세 종교 사이에 동일한 전승과 대립된 전승이 있어 갈등이 잠재되어 있다.

예루살렘 어느 곳에서나 가장 눈에 띄는 것은 황금 지붕의 바위 돔 사원이다. 바위 돔 사원과 알 악사 사원 사이의 서쪽 면 벽에는 통곡의 벽이 있어 두 사원 위에서 내려다보면 유대인들이 통곡의 벽에 모여 기도하는 모습을 볼 수 있었다. 2010년 7월경 그곳을 방문했을 때, 나를 안내하던 신부님은 얼마 전 무슬림들이 통곡의 벽에서 기도하는 사람들에게 돌을 던져 큰일이 벌어졌다고 설명했다. 그런 일은 빈번히 일어나고 있다.* 이곳은 무슬림 지역과 가까이 있어서 항상 충

그림 2 예루살렘 구시가지 서쪽 성벽은 '통곡의 벽'이라고 불리는 유대인들의 성소이다.

돌 위험성이 있는 곳이다.

통곡의 벽이라고 불리는 예루살렘 구시가지 서쪽 성벽은 유대인들의 성소이다. 이 예루살렘 성전은 헤롯 왕이 제2차 성전을 확장하기 위해 기원전 20년에 공사를 시작해서 기원후 헤롯 아그립바 2세

---

* 다음은 유대인 신문 내용이다. "통곡의 벽 랍비는 세계를 향하여 유대인들의 새해인 로쉬 하샤나(Rosh Hashanah) 기간 동안 성전산에서의 무슬림들의 폭동을 비난했다." "팔레스타인들은 금요일 성전산에 있는 무슬림 모스크인 알 악사에서 예배가 진행되는 동안 예루살렘 구시가지에 있는 유대인들에게 가장 거룩한 성지인 통곡의 벽에서 기도하고 있는 유대인 신자들과 경찰들에게 돌을 던졌다. 15명의 폭도들이 체포되었다." 이것은 로쉬 하샤나 날 며칠 전에 통곡의 벽을 방문한 유대인들에게 돌을 던진 7명의 팔레스타인인이 체포된 이틀 후에 다시 일어났다. ('통곡의 벽 랍비, 성전산에서의 무슬림들의 폭동을 비난', 2013. 9. 8), 출처: http://www.jta.org/2013/09/08/news-opinion/israel-middle-east/condemn-muslim-riots-on-temple-mount-rabbi-says

때 완공되었으나, 완공 후 6년이 지난 70년에 로마의 티투스Titus 총독에 의해 완전히 파괴된다. 이때 수많은 유대인도 살해되었다. 그러나 성전 마당 땅속에 묻혀 있는 기초 부분까지는 파괴하지 못했기에 그 부분이 그대로 남아 있다. 예루살렘 출입이 금지된 시기에조차 유대인들은 자신들 고유의 성축일이 되면 뇌물을 써서라도 폐허가 된 성전에 가까이 다가가 애도의 노래를 부르며 메시아가 오기를 기다렸다. 중세에 유럽에서 온 순례자들은 서쪽 벽에서 울고 있는 유대인들을 보면서 부르게 된 명칭이 통곡의 벽이다.

시온주의자들의 주도 하에 세계 각지에서 유대인들이 몰려들었던 1929년에는 성지 근처에 사는 무슬림들이 전례 없이 많은 수의 유대인들이 성벽에서 기도를 드리는 모습을 목도했다. 그리고 그것은 팔레스타인을 '탈이슬람화'하려는 원대한 계획의 일환으로 보였다. 서쪽 벽, 이른바 통곡의 벽 근처에 마련한 기도 시설을 둘러싸고 벌어진 사소한 사건이 폭력 사태를 촉발하여 팔레스타인 전역에서 폭력이 휘몰아쳤다. 이때 모두 합쳐 유대인 300명과 비슷한 수의 팔레스타인인이 사망했다(파페, 『팔레스타인 현대사』, 153쪽).

1967년 6일 전쟁에 승리한 이스라엘은 서쪽 벽면 터널을 발굴하기 시작했고, 20년간 485m의 긴 터널을 뚫는 공사 후 1988년 일반 관광객들에게 공개했다. 이스라엘 정부는 서쪽 벽을 따라 그 기초 공사를 볼 수 있도록 서쪽 벽 터널을 발굴해 놓았다. 서쪽 벽 터널 공사의 결과로 헤롯 왕의 업적과 서쪽 벽을 통해 지성소로 들어갈 수 있는 다리의 흔적들을 볼 수 있다. 터널 안 지성소 앞에서는 여성들이 모여 기도하는 모습을 흔히 볼 수 있다.

그러나 공사를 시작하면서 많은 문제가 발생했다. 서쪽 벽 바로 아래부터는 무슬림들의 주거 지역이다. 주거지역 아래를 발굴하게 되면, 바로 그 터널 위에 사는 사람들의 주거 안전이 문제가 된다. 당연히 그 위에 사는 사람들은 자신의 생존권이 위협받는다고 생각할 것이다. 무슬림들 입장에서 지금 있는 황금사원은 유대인들의 지성소, 즉 솔로몬이 지은 성전, 그리고 유대인들이 유배에서 돌아와 다시 지은 둘째 성전이 있었던 자리이기 때문에 언제 빼앗길지 모른다는 두려움이 있다. 그런데 바로 그 밑 땅속에 숨어서 무엇인가를 파 나가니 위기의식을 느끼지 않을 수 없었을 것이다. 더욱이 서쪽 벽 터널 끝 북쪽 출구가 무슬림들의 거주 지역이어서 이에 반대하는 거센 시위가 있었는데, 통계 자료에 의하면 진압 과정에서 80명이 사망한 것으로 나와 있다.

이렇게 끊임없는 갈등과 폭력이 난무하는 예루살렘은 기원전 1000년경 다윗 왕이 여부스족이 살고 있던 곳을 점령하고 수도로 정하여 세운 도시다. 예루살렘은 기원전부터 지금까지 약 30세기 동안 포위되고, 방어되고, 정복당하고, 파괴되었다가 다시 건축되기를 40차례나 거듭했다. 그것도 모두 신의 이름으로!

그 원인을 지리적 위치에서 찾을 수만은 없다. 물론 예루살렘은 중동의 여러 국가가 유럽에 진출하는 관문이 되는 곳이며, 기원전부터 이곳은 남쪽의 이집트와 아프리카 대륙이 중동 지역과 상업적 교류를 하기 위해 거쳐야 하는 요충지이기도 했다. 한편으로 이곳에서의 전쟁은 예루살렘이 유대교, 그리스도교, 이슬람교의 성지였기 때문에 발발했다. 종교의 이름으로 성지를 차지하려는 전쟁이 끊이지 않았다. 그리고 현재도 여전히 크고 작은 성지를 공유하고 있다.

현재 예루살렘에는 2013년 기준으로 약 800만 명*이 살고 있으며, 예루살렘 성으로 둘러싸인 올드시티를 기점으로 동쪽에는 팔레스타인 사람들이 모여 사는 서안 지구(웨스트 뱅크)west bank가 있고 신시가지에는 주로 유대인들이 모여 산다. 그러면 조금 더 거슬러 올라가 유대교, 그리스도교, 이슬람교가 예루살렘을 중심으로 상호 교섭하며 펼쳤던 역사적 상황 전개와 세 종교가 갖는 예루살렘의 의미를 살펴보도록 하겠다.

1. 유대교: 거룩한 시온성, 유대인들의 고향 예루살렘

엘리아데는 모든 성스러운 공간에는 성현聖顯, hierophany, 하느님이 "여기에 가까이 오지 마라. 네가 서 있는 곳은 신성한 땅이니 신을 벗어라"(출애굽기, 3:5) 하시며 시나이(호렙) 산에서 모세에게 나타난 것 같은, 즉 성스러운 것의 돌연한 출현이 결부되어 있다고 한다(엘리아데, 『성과 속』, 55쪽, 59쪽).

---

* 2013년 9월(유대력으로 5774년) 기준으로 유대인은 6,066,000명(75.1%), 아랍인은 1,670,000명(20.7%), 기타—아랍, 크리스천이 아닌 바하이교 등 345,000명(4.2%). 2012년보다 약 1.8% 늘었다(유대인들은 1.8%, 아랍인들은 2.4%, 크리스천은 1.3%). 출처: http://www.jewishvirtuallibrary.org/jsource/Society_&_Culture/newpop.html

예루살렘 곳곳의 성소가 그러하다. '평화'를 의미하는 예루살렘에는 히브리인들에게 땅을 빼앗기기 이전에 이미 가나안인, 여부스인들이 살고 있었다. 그들은 추분이 되면 태양이 그들 바로 앞에 떠서 바로 등 뒤로 진다는 걸 알게 되었다. 태양 빛이 가장 오래 머무는 언덕 위에 있는 커다란 바위는 그들이 숭배하는 태양신 샤하르Shahar(일출의 신)와 샬림Shalim(일몰의 신)의 거주지였다. 예루-샬렘Jeru-Shalem이란 '샬렘 신의 집'이라는 뜻이다. 기원전 13세기 가나안에 등장한 히브리인들은 샬렘이란 단어와 평화라는 뜻의 히브리어 샬롬Shalom을 혼동하여 예루살렘은 평화의 도시라는 뜻을 갖게 된다(이디노폴로스, 『예루살렘』, 13~14쪽).

팔레스타인을 점령한 이슬람 정복자들은 아브라함이 아들 이삭(무슬림들은 이스마엘이라고 함)을 희생하려 했던 그 바위를 매우 거룩하게 여겨 그 위에 멋진 팔각형의 사원을 짓고, '바위 돔 사원'이라 불렀다. 바위 돔 사원은 바로 가나안인들이 그들의 신들에게 제사를 지냈던 바위를 품고 있다

신의 뜻에 순종한다는 의미로 '모리야'라 불리는 그 신성한 바위 위에서 아브라함은 그의 아들 이삭을 묶어 제물로 바치려 했고 훗날 여부스 사람 오르난의 타작마당이었던 이곳을 다윗이 은 50세켈을 주고 사서 하느님을 위한 제단을 쌓고 번제물과 친교제물을 바치고 집터로 정했다. 또한 이 바위는 다윗 왕의 아들 솔로몬 왕이 성전을 지을 때 그 초석이 되었다.

다윗 왕의 위대한 공적은 율법에 근거하여 예루살렘을 중심으

로 한 통일 왕국을 세운 데 있다. 그는 예루살렘을 중심으로 예로부터 내려온 신앙과 도덕성이라는 활력소에 정치화된 민족주의를 결합했다. 율법은 이스라엘의 경전인 토라Torah에서 가장 성스러운 대목이다. 율법이 고대 이스라엘인들의 의식 속에 자리 잡기 시작한 것은 기원전 1300~1200년경의 모세 때이다. 모세가 시나이 산에서 야훼로부터 받은 이 율법은 이스라엘 민족을 계약의 상대로 선택한 야훼의 의지 표출이었다. 모세는 야훼로부터 받은 계약의 상징인 율법을 새긴 돌을 계약궤에 넣어 이스라엘 부족이 이집트에서 나와 광야에서 생활한 40년 동안 그들이 이곳에서 저곳으로 이동할 때마다 그 계약궤를 앞세웠다. 그것은 그들을 선택한 하느님이 그들과 함께하고 있다는 믿음의 표현이었다.

다윗은 키르얏 여아림에 있던 이스라엘 부족 신앙의 구심점인 계약궤를 찾아 예루살렘에 가져옴으로써 다윗이 세운 새 왕국과 수도를 과거 부족 시대의 전통과 연결시켰다. 그의 왕국이 부족 연맹체의 적법한 후계자라는 정통성을 획득하려 한 것이다. 오래지 않아 사람들은 계약궤의 존재 때문에 야훼가 자신의 영원한 집으로 택한 곳이 바로 예루살렘이라는 생각을 하게 되었다. 이스라엘의 종교와 신앙은 점점 더 예루살렘을 중심으로 이루어져 갔다. 다윗의 예루살렘의 성역화 작업은 솔로몬이 그 계약궤를 성전에 안치함으로써 완성되었다(이디노풀로스, 『예루살렘』, 46~47, 52, 55~56, 64쪽).

솔로몬 왕은 기원전 961년에 성전을 완공했다. 솔로몬 왕은 계약의 궤를 다윗성에서 새로운 성전으로 옮겨 봉헌식을 올렸다(2역대

3-5, 7; 1열왕 6-8). 계약궤가 있는 모리야 산은 시온, 즉 신의 동산, 거룩한 도시가 되었다.

솔로몬 성전은 이스라엘 모든 남자가 지내야 하는 3대 축제의 중심이 되었다.* 이스라엘 백성은 예루살렘을 향해 하루에 세 번씩 무릎을 꿇고 하느님께 감사의 기도를 드렸다. 그 후 유대교 회당의 주요 부분은 예루살렘 성전을 향해 지어졌다.

솔로몬 왕이 죽고 통일 왕국 이스라엘은 둘로 갈라지고 말았다. 그 이후 예언자들은 부패한 왕들을 비난하며, 히브리인의 파멸을 예언했다. 586년 예루살렘은 바빌로니아인들에 의해 파괴당하고, 유대 왕국 사람들은 그 옛 도성에서 쫓겨나게 되었다. 얼마 후 바빌로니아를 멸망시킨 페르시아의 키루스(고레스) 2세는 기원전 538년 칙령을 내려 포로로 잡혀 온 유대인들이 예루살렘으로 돌아가 성전을 재건하도록 허락했다(2역대 36, 22-23; 에즈 1, 1-5).

---

* 이집트 종살이에서 해방된 것을 기념히 는 과월절(무교절, 파스카)과 씨를 뿌려 얻는 노동의 만물을 바치는 수확절(오순절) 그리고 노동의 결실을 거두어들이는 연말에 드리는 추수절(초막절)을 일컫는다(출애 23, 14-17; 34, 18-23). 유대교는 음력을 따른다. 음력은 태양력과의 오차를 줄이기 위해 춘분과 추분이 지난 다음 보름달이 뜨는 날을 중요하게 계산한다. 그래서 춘분이 지난 다음의 보름달이 뜨는 날을 지닌 니산(Nisan, 태양력의 3~4월) 달과 추분 다음의 만월이 속한 티쉬리(Tishiri, 태양력의 9~10월) 달이 중요하다. 니산 달의 보름에 과월절 축제를 지내고 티쉬리 달의 보름에 수콧(Sukkot) 축제, 곧 초막절(Festival of Tabernacle)을 지낸다. 이 두 축제가 유대교에서 가장 중요하다. 티쉬리 달은 유대교의 가장 중요한 달로서, 이슬람의 '라마단'(Ramadan)에 견줄 수 있다. 유대교의 한 해살이는 티쉬리 달의 첫 달이 뜨는 9월경부터 시작한다. 새해 첫날을 뜻하는 '로쉬 하샤나'가 있고 나서 10일 후에 속죄일을 뜻하는 '욤 키푸르'(Yom Kippur)가 시작된다. 티쉬리 달에는 거의 한 달 내내 먹고 마시고 기도하고 공부한다(샤르마 외, 『우리 인간의 종교들』, 603쪽).

토착민들과 귀환 유대인들의 갈등 속에서 스룹바벨Zerubbabel에 의해 어렵게 성전을 재건하고 봉헌한 것은 기원전 515년(에즈 5, 1-6, 18)으로, 70여 년 만에 재건한 예루살렘은 예전의 화려했던 면모는 찾아볼 수 없었다. 제1성전에 비하면 규모도 작았고 볼품도 없었으며 성벽은 여전히 허물어져 있었고 성문들은 불탄 채였으며 귀향민과 토착민 간의 갈등은 여전했다(느헤 1, 1-4). 그리고 성전에서 가장 중요한 계약의 궤는 안치되지 못했다. 왜냐하면 예레미야 예언자가 성전이 파괴되기 전에 신탁을 받고 천막과 계약궤를 모세가 묻힌 느보 산 어느 동굴에 숨기고 입구를 막아 버렸는데, 그 길을 찾을 수 없었기 때문이다(2마카 2, 4-8). 그럼에도 예루살렘은 잠시 평온을 되찾게 된다.

기원전 332년, 그리스 알렉산더 대왕의 침입으로 팔레스티나 전역은 헬레니즘 시대에 들어가게 된다(기원전 332-167년). 팔레스티나에는 그리스식 도시들, 극장과 목욕탕, 경기장들이 건설되었고 시민들의 의식주뿐만 아니라 정신 문화도 급속히 바뀌기 시작했다.

기원전 175년에 유대 지역을 포함하여 시리아를 통치하던 셀류코스 왕조의 안티오쿠스 4세(기원전 175~164년 재위)는 자기 자신에게 신성神性이 있다고 믿었으며 자신을 안티오쿠스 에피파네스Epiphanes라고 불렀다. 그는 안티오쿠스 4세의 통치 아래에 있던 모든 민족으로 하여금 자신들의 신전에 그의 상을 세우고 그 앞에 절하게 했다. 예루살렘 성전에도 안티오쿠스의 형상을 세우고 숭배할 것을 강요했으며, 더욱이 유대교의 명절과 안식일을 지키지 말고 예루살렘 성전의 제단에 유대교에서는 부정히 여기는 동물인 돼지를 제물로 바치라는 칙령을 내렸다. 이것을 어기면 처형하겠다고 선포했으며 유대인들의 종교 문헌을 빼앗아 불살라 버렸다(1마카 1, 44-50). 유대교는 유일신관을 고수하는 종교이며 전통적으로 다른 신이나 신상을 숭배하는 의례에 대항하여 목숨을 걸고 거부했다.

이와 같은 종교적 탄압에 항거하여 기원전 167년에 마카베오 Maccabee 일파의 저항운동이 일어났다. 예루살렘의 대사제였던 요하난의 아들인 마타티아스는 그의 아들들과 함께 예루살렘 근처에서 항쟁을 주도했다. 안티오쿠스 군대는 안식일을 골라 유대인 항쟁군을 공격했으며 안식일은 쉬는 날이기 때문에 많은 유대인이 항거하지 못하고 죽었다. 이러한 상황에서 유대교 현자들은 안식일에 생명이 위험하면 안식일의 규례를 어겨도 된다는 새로운 법규를 정하게 되었다. 유대인 항쟁군은 안티오쿠스 군대와 대결하여 기원전 164년 12월에 안티오쿠스의 군대를 예루살렘에서 몰아내고 성전을 되찾았다. 이들은 성전을 정화하고 유대교 전승에 따른 제사를 거행했다. 그런데 성전에 불을 밝히는 거룩한 기름은 한 줌밖에 남아 있지 않았다. 그런데 하루 분량의 기름은 8일 동안 꺼지지 않고 켜져 있는 기적이 일어났으며 이 사건을 기념하여 '하누카'라는 명절이 생겼다(조철수, 『중동의 3대 유일신 종교 연구』, 18쪽).

유대인들은 평소에는 '메노라'라는 가지가 일곱 개인 촛대를 사용한다. 하누카 명절 동안 개인이건 가족 단위건 간에 '메노라'와 같은 모양에 가지가 8+1개인 촛대, '하누키아'를 사용한다. 가운데 하나는 점등초인데 여기에서 매일 하나씩 여덟 개의 촛불을 밝히며 명절을 지키는 관습이 생겼다. '하누키아'는 예루살렘 성전의 회복과 유대인의 자주독립을 의미한다. 안식일보다는 생명이 더 중요하다는 새로운 법규나 하누카 명절은 유대교가 이방 종교와 충돌하며 적응하여 이루어진 대표적인 예로 볼 수 있다.

마카베오 형제들이 이끄는 독립군은 3년 만에 예루살렘을 탈환하고 성전 제의를 회복하고 하스모니아 왕조를 세웠지만 이들은 왕가의 후손도, 제사장인 사독 가문의 출신도 아니었기에 정통성이 결여되어 있었다. 여러 종파 간의 갈등 속에 예루살렘은 기원전 64년에 로마의 폼페이우스 장군Pompeius Magnus(기원전 106~48년)에게 정복되고 로마의 지배 하에 머물게 되면서 하스모니아 왕조는 시리아의 속주로 편입된다. 기원전 37년 로마인들은 유대 땅의 왕으로 이두매 출신의 반半 유대인 헤롯(기원전 37~4년 재위)를 세웠다. 그리스-로마 문화의 예찬자였던 헤롯 왕은 유대인들의 환심을 사기 위해 제2성전을 재건하고 부속 건물과 주변의 요새들을 건축하기 시작했다. 사두가이Sadducee(기원후 70년 제2차 예루살렘 성전이 파괴당하기 전의 약 2세기 동안 번성했던 유대교 제사장 분파)들의 열렬한 지지를 얻은 성전 재건축은 기원전 20년에 시작되었다(요세푸스, 『유대 고대사』 15권, 1-7, 353~360쪽). 요한복음 2장 20절에 의하면 성전은 46년이나 걸려서 완성되었다고 하지만, 역사가들은 헤롯이 죽고 68년이 지난 뒤인 기원후 64년 헤롯 아그립바 2세에 의해 완성되었다고 말한다. 그는 여기에 엄청난 비용을 사용했고, 또한 과도하리만큼 화려하게 지었다(요세푸스, 『유대고대사』 II, 20권, 9-7, 657쪽; 『유대전쟁사』 I, 1,401; II, 5,184-227;

그림 3 위가 '메노라', 아래가 '하누키아'.

5.238-247).

오랫동안 정성 들여 지은 성전은 완공된 지 겨우 6년 만에 최후
를 맞이해야 했다. 유대인 젤롯Zealot당원들은 아그립바 2세가 죽은
뒤 로마에 반기를 들었다.

기원후 66~70년에 일어난 유대 1차 항쟁을 진압한 로마의 티투
스 총독에 의해 예루살렘은 '돌 위에 돌 하나'(누가 21,6) 남아 있지 않
을 정도로 완전히 파괴되었다. 유대인들의 전승에 의하면 이날은 유
대 달력으로 아브Av. 달(8월)의 9일째 되는 날로서 기원전 586년에 솔

로몬의 성전이 바빌로니아인들에 의해 불타 없어진 바로 그날이었다. 제1차 성전과 제2차 성전이 똑같이 파괴된 이 운명의 날 유대인들은 성전이 파괴된 것을 슬퍼하며 통곡의 벽 앞에 모여 밤새도록 예레미야의 애가를 읽고 단식을 하며 지냈다. 예루살렘을 빠져나간 1000여 명의 유대인은 사해 남서쪽에 헤롯이 만든 천연 요새 '마사다'로 퇴각하여 로마군 제10군단 1만 5000명을 상대로 거의 2년을 버티며 최후까지 항쟁하다가 로마군이 토성을 쌓고 올라오자 결전의 날에 로마군에 잡혀 노예가 되느니 차라리 죽음을 선택함으로써 비극적인 종말을 맞이한다.

그 이후 예루살렘은 바르 코크바Bar Kokhba가 이끄는 제2차 유대 항쟁(132~135년)이 일어나지만 실패하고, 하드리아누스 황제 Hadrianus(117~138년 재위)의 군대에 의해 완전히 파괴되었다.

제2차 유대 항쟁이 일어난 직접적인 동기는 하드리아누스 로마 황제의 강압정책이었다. 하드리아누스가 로마의 황제가 되자 처음에는 유대인들에게 평화정책을 폈다. 유대인들이 예루살렘에 들어와 성전을 개축할 수 있게 허락했다. 그런데 어느 날 그의 딸이 피살되었으며 항간에 유대인들이 그녀를 죽였다는 소문이 돌았다. 이에 화가 난 하드리아누스 황제는 유대인들의 종교의식인 할례를 금지시키고 안식일을 지키지 못하게 법령을 선포했다. 이러한 종교 탄압에 항거하여 유대인의 자주독립을 계획한 제2차 항쟁을 주도한 인물은 바르 코시바였다. 아키바 랍비는 그를 유대인들의 메시아로 선언하고 그 이름을 바르 코크바('별의 아들')라는 메시아 이름으로 정해 주었다. 바르 코크바 항쟁은 3년도 채 가지 못하고 로마군에 의해 진압되었고, 반란군은 모두 처형되었으며, 예루살렘은 유대인이 들어가지 못하는 도시로 전락했다. 하드리아누스 황제는 예루살렘을 새롭게 건설하고 그 이름을 아일리아 카피톨리나Aelia Capitolina라고 개명했다. 카피톨리나는 로마의 최고신인 주피터의 신전Capitol을 표명한 것이고, 황제 하드리아누스의 성姓인 아일리우스Aelius를 따서 아일리아라고 명명한 것이다(조철수, 『중동의 3대 유일신 종교 연구』, 30쪽).

유대인들은 1년에 딱 한 번 히브리 달력으로 아브 달 9일에 성전의 파괴를 애도한다는 목적으로만 입성이 허락됐다. 이때부터 유대인들은 1948년 이스라엘이 건국될 때까지 나라 잃은 민족이 되어야 했다.

로마의 승리 이후 비잔틴 시대가 되면서 300년에 걸친 그리스도교 통치 시대가 이어졌다. 유대인들은 자신들 고유의 성스러운 축일이 되면 어떻게 해서라도 뇌물을 써서 폐허가 된 성전에 가까이 다가가 애도의 노래를 부르며, 어서 메시아가 오기를 기다렸다. 그러나 기원후 614년 봄, 페르시아 사산 왕조 호스로 2세Khosroes II가 파견한 페르시아군이 예루살렘을 함락시킴으로써 그 화려했던 비잔틴 시대는 기울기 시작했다. 성당들은 털리고 불태워졌으며, 수도원들은 파괴되었고, 사제들과 신자들은 발견되는 대로 학살되었다. 그러나 페르시아인들의 통치는 오래가지 않았다. 비잔틴 황제 헤라클리우스는 기원후 622년에 메소포타미아 깊숙한 곳까지 침공하는 데 성공하게 된다. 비잔틴 제국은 630년에 예루살렘을 회복하게 되었다. 그러나 불과

8년 만인 638년에 무슬림들은 10개월의 공방 끝에 예루살렘을 점령하고, 그 이후 십자군이 1099년에 예루살렘을 탈환할 때까지 460년 동안 예루살렘은 무슬림들의 수중에 놓이게 되었다. 무슬림들이 비잔틴인들을 콘스탄티노플로 쫓아내자 가장 기뻐한 사람들은 유대인들이었다. 그들은 이제 무슬림들에게 세금만 내면 예전처럼 자유롭게 예루살렘에 살며 그들의 성전에 출입할 수 있었기 때문이다(이디 노풀로스, 『예루살렘』, 18~20쪽).

  유대인은 우연히 동일한 대상을 믿게 된, 종교가 같은 개인들이 아니라 하나의 사회적·인종적 집단으로 묘사될 수 있다. 유대교의 신학적 내용과 사회적·역사적 맥락에 대해 관심을 가지고 고찰하면 유대교는 자신을 둘러싼 사회적·역사적 맥락에서 제기되는 질문에 응답한 종교일 뿐 아니라, 동시에 '주변 세계를 형성하기도 했다'는 것을 발견한다. 사실 기성의 유대교 분파는 '이스라엘'의 정치적 환경이 격변했을 시기에 제기된 새로운 질문에 응답하며 형성되었다. 곧 중요한 정치적 변동과 '상호작용'하며 형성된 것이다(샤르마 외, 『우리 인간의 종교들』, 518, 537쪽). 이처럼 유대교는 유배와 귀환으로 말미암아 결정적인 신학적 성찰과 이스라엘의 삶에 결정적인 계기를 마련한다. 바로 이스라엘은 특별히 선택되었고, 계약과 율법에 복종해야만 하는 민족이라는 것이다. 따라서 나는 유대교의 형성 시기에 주목하게 된다. 흔히 유대교의 형성 시기를 기원전 5세기에서 기원후 5세기까지로 본다. 이 시기는 바빌론 포로 시대를 지나 페르시아, 헬레니즘, 로마, 비잔틴 등 다양한 종교 문화의 도전과 더불어 되풀이되는 침략으로 예루살렘 성전이 파괴되고, 유대인들이 고통을 받던 때이다. 이러한 외부로부터의 억압과 고통을 내면화하면서 유대교의 방대한 경전이 연구되고, 이론이 정리되고, 유대교가 형성된다.

이처럼 기원전 5세기경 예루살렘 성전을 중심으로 사제 계층과 현자들이 주축이 되어 유대교가 형성되기 시작하여, 페르시아의 통치 시대를 지나 헬레니즘과 로마 시대를 거치며 기원후 5세기경 지금의 유대교와 같은 체계가 성립되었다. 헬레니즘의 이방 종교 문화의 영향에 적응하는 사제 계층과 부유층 유대인들에 도전하는 유대교 현자들의 외침에서 유대교 정신이 정립되었다고 볼 수 있다. 현자들은 모세오경에 정해진 법규·규례를 새로운 환경에 맞게 해석하여 이방 종교 문화에 적응하는 방법을 모색하게 되었다. 특히 기원전 1세기 후반에 활동한 현자 힐렐은 당시 철학 체계의 논리학을 습득하여 히브리 성서 이해에 응용함으로써 삼단논리, 추론, 연장, 비유, 은유, 병행, 모순 등의 논리 체계를 히브리어 용어로 정리하여 랍비들의 성서해석 연구 방법의 기반을 구축했다(Brewer, D. I., *Techniques and Assumptions in Jewish Exegesis before 70 CE*, pp.11~23, 조철수, 『중동의 3대 유일신 종교 연구』, 16쪽 재인용).

이렇게 발전된 다양한 규례와 규범에 따라 전통적인 유대교는 유지될 수 있었다. 구전 토라의 최초 문서는 미쉬나Mishinah로서, 기원후 200년경에 최종 완성된 철학적 법률 문서이다. 구전 토라에 속하는 다른 문서를 들면 미쉬나 법률 문서를 보완하는 문서 모음집인 『토세프타』Tosefta, 기원후 400년경 이스라엘 땅에서 쓰인 미쉬나의 주석서인 이른바 이스라엘 탈무드, 2차 주석서로서 기원후 600년경 바빌론 유대인들이 쓴 바빌로니아 탈무드, 그리고 당대의 현자들이 쓰인 토라에 대해 주석한 작품 등이 있다. 탈무드가 형성된 시기는 콘스탄티누스 대제(306~337년 재위)가 그리스도교를 합법화하고 선호하다가 결국 국교로 선포하는 중요한 시대의 말미다. 그러므로 이 중 토라 유대교의 최초 형태가 온전히 들어 있는 문서는 이스라엘 탈무드라고 하겠다.

중요한 점은 기원후 4세기—문서에 따라 거의 5세기까지—이스라엘 땅에서 형성된 유대교가 그 당시 위기에 대처하는 대응 논리를 개발해 냈다는 것이다. 성전 없는 유대교가 시작된 것이다. 이 시대에 등장한 중요한 유대교가 바로 토라의 유대교였다. 쓰인 토라는 히브리 성서였고, 구전 토라는 위대한 현자라 일컫던 대랍비들의 권위에 의지해 전하는 문서였다. 성전이 존재할 당시에 성화하는 방법은 성전에서 희생제를 드리는 것이었다. 그런데 성전이 사라진 상황에서 어떻게 성화를 할 수 있을까? 기원후 70년 이후에 남은 성화의 장소는 단하나, 바로 거룩한 백성 그 자체였다. 토라의 유대교, 즉 성전 이후 현자 또는 랍비들의 유대교는 가정의 거룩함을 강조했다. 그들은 가정이 성전과 같은 곳이라 역설했다. 이런 사제들의 패러다임은 모세오경의 일부를 썼던 사제계 저자들의 시대와 비교할 때 극단적으로 중요해졌다고 할 수 있다. 유대교 교리에 의하면 미쉬나는 구전 토라로서 시나이 산에서 모세에게 계시한 '토라'의 일부이며, 쓰인 토라와 동등

한 지위를 누린다. 하지만 실제 미쉬나는 성전이 파괴되고 뒤이어 일어난 바르 코크바의 패배 이후 제기된 질문에 대한 철학적 법률 체계이다. 기원후 70년의 성전 파괴와 더욱 가슴 아픈 135년의 패배 이후 미쉬나의 현자들은 성전과 의례가 없는 유대교를 만들어 냈다. 미쉬나의 여섯 장 가운데 네 장이 이 단일한 주제를 논한다. 구체적으로는 사제직의 거룩함, 축제 의례들, 성전과 희생제, 레위기적 정결례 등 거룩함을 지키는 방법 등이다.

기원후 약 400년 팔레스타인 탈무드 또는 예루살렘 탈무드라고 불리는, 탈무드가 처음 나오고 나서 약 200년이 지나 제반 문제를 재검토하여 바빌로니아 탈무드라고 하는 두 번째 탈무드가 더욱 영원하고 권위적인 형태로 나오게 된다. 이때부터 흔히 탈무드라고 하면 이바빌로니아 탈무드를 가리킨다. 탈무드는 그리스도교인들이나 무슬림들 사이에서 살아야 하는 유대인들에게 유대교의 핵심이 무엇인지를 정의하는 데 성공했다. 곧 유대인이란 누구인지, 이스라엘이 된다는 것은 무엇을 의미하는지, 거룩한 백성이 종말에 구원을 얻기 위해지금 여기서 어떤 삶을 살아야 하는지에 대해 강력한 설명 체계를 제공했던 것이다.

이런 문제는 미쉬나에서도 다루어진다. 탈무드가 제시한 구원의체계는 거룩한 백성을 거룩하게 만드는 구원의 권능에 초점을 맞춘다면, 미쉬나의 유대교가 주는 메시지는 이스라엘, 백성, 땅, 삶의 방식 등의 거룩함을 오래 지속할 방법에 대한 광범위한 질문과 대답을 담고 있다. 거룩한 신전과 거룩한 전례가 파괴된 이후, 거룩한 성지 등은 어떻게 되며, 거룩한 백성과 그 삶의 방식은 어떠해야 하는가 등 질문에 대한 미쉬나의 대답은, 거룩함은 고스란히 지속된다는 것이다. '이스라엘', 곧 '백성' 안에, 그 생활방식 안에, 그 땅 안에, 사제 계급 안에, 음식 안에, 삶을 지탱하는 방식 안에, 아이를 낳아서 민족을 이어나가는 방법 안에 거룩함이 지속된다는 것이다(샤르마 외, 『우리 인간의 종교들』, 561~567, 575~576쪽). 여기에서 미쉬나와 탈무드가 쓰이는 시기에 복잡하게 얽혀 있는 유대교 분파들의 종교적 정황과 사회적 맥락을 조금 더 들여다보도록 하겠다.

헬레니즘 시기에 유행했던 묵시문학 사조에 유대교의 여러 분파가 편승했다. 묵시문학과 이 시기에 대한 연구는 사해문헌의 발견과 해독으로 활발해졌으며, 이를 통해 당시의 유대교가 랍비 유대교로 형성되어 가는 과정이 면밀히 연구되고 있다. 예루살렘 성전의 사제들 중심의 사두가이파, 랍비들 중심의 중산층으로 형성된 바리사이파와 사유재산을 공동체에 기탁하고 공동으로 거류지를 운영하며 분파의 세력을 확장했던 에세네파와 로마 압제에 무력으로 항쟁하는 급진파, 새로운 교훈과 메시아 사상을 들고 나오는 초대 그리스도교회 등 여러 분파가 생겨나 갈등과 논쟁을 일으키게 된다. 기원후 70년 로마의 예루살렘 성전 파괴의 여파로 초기 유대교는 새롭게 정리되며 초대 그리스도교회는 랍비 유대교와 다른 방향으로 유대 땅에서 떠나가게 된다. 한편 성전 중심의 사제 계열의 사두가이파 유대인들은 성전 파괴로 그 근거지를 잃게 되고, 에세네파의 급진주의 거류민들은 로마 항쟁에 합세하여 새로운 메시아의 사회를 열망했으나 결국 로마 군대에 의해 참패하게 되며 점차 유대교 안에서도 그 자리를 유지하지 못하게 되었다. 오직 랍비들 중심의 유대교가 유대교 전통을 계승하게 되며 미쉬나가 그 기본 틀이 되었다.

이러한 유대교는 자체적으로 다종교 문화의 도전에 대처하는 방법을 터득해 나갔다. 300여 년을 지내면서 개혁을 통해 전통을 유지한 랍비 유대교는 헬레니즘과 로마 제국의 보편 문화에 편승하게 되었으며, 70년 성전 파괴 이후 예루살렘 성전이 없는 새로운 환경에 적응하기 위해 히브리 성서에 정하는 많은 규례를 새롭게 해석하며 적용했다. 초기 유대교의 여러 분파 가운데 배타적 성격을 강하게 나타내며 유대 민족주의를 강조한 에세네파는 히브리 성서에 기록된 이스라엘의 전통적인 율법(토라)을 엄격히 지키며 이와 동조하지 않는 유대인이나 로마인들과 같은 이방인들을 '어둠의 자식들'로 간주했으며 그들은 마지막 날에 하느님의 심판을 받을 것을 설파했다. 일부 과격한 에세네파 사람들은 기원후 67년에 시작된 유대인 항쟁에 참여하여 예루살렘의 독립을 희망했으나 3년 후 예루살렘은 로마 군대에 의해 무너지게 되면서 결국 사라진다.

요하난 벤 자카이 랍반은 베스파시아누스에게 예루살렘을 떠나 야브네에 거주할 수 있도록 해 달라고 청하여 허락을 얻어 냈고, 이에 따라 바리사이파 사람들은 로마 군대에 포위되어 있던 예루살렘을 빠져나와 새로운 그들의 거주지를 얻게 되었다. 이래서 바리사이파는 예루살렘의 최후를 피할 수 있었으며 안전하게 생명을 구하여 성서 공부에 열중하게 되었다. 이러한 적응과 대처로 랍비 유대교는 유대교 학문 발전에 전념하게 되었으며 미쉬나, 예루살렘 탈무드, 바빌로니아 탈무드, 성서에 대한 해석서인 다양하고 방대한 분량의 유대교 성서 해석서를 편찬하게 되었다. 흔히 유대 민족을 '책의 백성'이라고 부르는 이유도 이러한 초기 유대교 사회가 처했던 이방 문화의 적응 과정에서 찾아진다(조철수, 『중동의 3대 유일신 종교 연구』, 19~20, 24쪽).

실상 그리스도교가 비잔틴 제국의 국교가 되기 이전까지 유대교와 그리스도교 사이에 종교적 갈등은 표면화되지 않았으며 서로 비난하는 예도 드물었다. 때로는 같은 장소에서 안식일에는 랍비 유대교가, 주일에는 초대 교회가 사용하기도 했다. 또한 여러 도시에 회당과 교회가 가까운 곳에 공존했으며 서로의 상징물인 메노라와 십자가를 훼손하는 사건이 없었다(Crawford, "Jews, Christians, and Polytheists in late-antique Sardis", pp.190ff, 조철수, 『중동의 3대 유일신 종교 연구』, 32쪽 재인용). 오히려 랍비들의 미드라쉬에서도 초대 교회의 존재를 인정하는 해석을 종종 읽을 수 있다.

한편 그리스도교 국가가 된 동로마(비잔틴 제국)는 유대교의 근원을 없애 버리려고 시도했다. 그 대표적인 예가 예쉬바(유대교 신학교)를 폐쇄하기 시작한 것이다. 티베리아에 있던 예쉬바들은 모두 폐쇄되고 많은 랍비는 바빌로니아로 이주했다. 그러나 이러한 계기로 품베디사Pumbedisa와 같은 바빌로니아 도시로 피해 온 랍비들은 그들의 다양한 전승을 토대로 바빌로니아에 머물러 살고 있는 유대인 현자들과 함께 미쉬나를 더욱 발전시켜 유대교의 중심체인 바빌로니아 탈무드를 편찬하게 되었다.

한편 그리스도교가 유대교에서 완전히 독립해 나감으로써 유대교는 그리스도교와 교류하지 않아도 되는 상황이 되었다. 그 한 예로 아래와 같은 명절을 지키는 상황을 볼 수 있다. 그리스도교가 동로마 제국의 국교가 되기 전까지 그리스도교의 여러 명절(부활절, 오순절 등)은 유대교(유월절, 칠칠절 등)와 같은 날에 지켰다. 유대교 공동체 대표부(산헤드린)에서 정하는 날을 그리스도교도 따랐다. 그러나 325년 니케아 공회에서는 그리스도교의 명절을 유대교와는 다르게 정할 것을 결정했다. 따라서 그리스도교는 자체적으로 그리스도교의 명절을 만들게 되었으며 유대교의 절기에 의존하지 않게 되었다. 이로써 유대교는 그리스도교와 완전히 결별하게 되었다.

비잔틴 제국의 국교가 되면서 그리스도교는 종교적인 측면뿐 아니라 경제적인 면에서도 유대인들의 삶에 큰 압박을 가했다. 초기 그리스도교 황제들은 유대교 공동체의 우두머리 권한인 '대표'(나시)라는 직책을 인정했으나 이 제도는 429년에 폐지되었다. 425년 '대표' 가므리엘 7세 랍반이 죽자 테오도시우스 2세 황제는 그 후계자를 인준하지 않았으며, 450여 년이나 유지되어 왔던 유대인 공동체의 대표 제도는 끝나게 되었다. 그리고 유대교 '대표부'를 위해 모았던 헌금을 비잔틴 황실에 바치게 했다. 유스티니안 1세 황제(527~565년 재위)는 유대인들의 토라 공부를 금지시켰으며 심지어 유대인들이 일상적으로 낭송하는 '쉐마'를 언급하지 못하게 했다. 쉐마는 유대교 기도문 가운데 가장 자주 낭송되는 구절이다. "이스라엘아, 들어라, 우리의 하느님은 야훼이시다. 야훼 한 분 뿐이시다"(쉐마 이스라엘 아도나이 엘로헤이 누 아도나이 에하드: 신명 6, 4). 이러한 '하느님이 하나'라는 쉐마의 논지는 그리스도교의 삼위일체 교리와 일치하지 않기 때문이라는 설명이었다.

그러나 이러한 억압에도 비잔틴 제국에 살고 있던 유대인 학자들은 그렇게 큰 피해를 받지 않았다. 그들은 흔히 이렇게 말한다. "이스라엘의 토라는 괴어 있는 우물이 아니고 살아 있는 연못이기 때문에 누가 한 곳을 막으면 다른 곳으로 흘러 나갈 수 있게 그 길을 만들어 계속해서 생명을 나눌 수 있게 한다"라고. 비잔틴 제국의 종교적 압제 아래에서 유대교 학자들이 유대인들의 법규와 규범 등을 더욱 광범위한 범주로 규정하는 탈무드를 편찬하겠다는 의도와 노력 역시 그리스도교의 종교적 압박에 대응하는 큰 원동력이었다고 볼 수 있다. 표면적인 박해에 대한 내면화라고 생각된다. 방대한 탈무드의 편찬과 함께 유대교는 '책의 종교'로 완전히 자리를 잡게 되었다. 따라서 유대교에서 '공부'는 예배의 가장 중요한 표현 양식이다. 흔히 토라를 공부함으로 구원에 이를 수 있다고 말한다(조철수, 『중동의 3대 유일신 종교 연구』, 31, 34~36쪽).

1099년, 십자군의 기치 아래 중동 지역 사람들에게는 완전히 이방인이었던 프랑스인들이 예루살렘을 정복하여 약 100년가량 다스렸다. 이들은 무슬림들과 유대인들을 잔인하게 학살했고 그곳에서 살아온 그리스인 그리스도교인들과 아랍계 그리스도교인들마저 피부가 너무 거무스레하다며 교회에서 쫓아냈다. 하지만 1186년 쿠르드Kurd족 출신의 전사 살라딘Saladin이 예루살렘을 수복하고 프랑스인들을 쫓아내자 그곳의 유대교 회당, 이슬람 사원 그리고 일부 교회에서는 기뻐했다. 그 후 700여 년 동안 팔레스타인은 이슬람 세계의 영향권 아래 남아 있으면서, 이곳에 별 관심이 없던 이집트 혹은 투르크 출신 통치자들에 의해 선정과 악정을 번갈아 가며 받았다. 기나긴 무슬림 통치는 제1차 세계대전 와중에 영국군이 오스만투르크군을 몰아냈던 1917년에야 끝났다(이디노풀로스, 『예루살렘』, 20~21쪽).

언제나 지상의 모든 일은 신의 뜻에 따라 일어난다는 믿음을 가진 유대인들은 자신들의 고달프고 험난한 삶은 율법을 어긴 데 대해 신이 벌을 내리고 있기 때문이라고 믿었다. 따라서 그들은 자신들이 율법을 다시 잘 지키면 신은 자신들을 다시 용서하리라고 믿었다. 유대인들의 삶의 터전은 파괴되고, 사람들은 세계 각지로 추방되어 흩어졌음에도 끈질기게 민족적 신념을 이어갈 수 있었던 것은 종교적인 생명력을 지닌 율법과 생생한 예루살렘에 대한 기억 때문이다. 예루살렘은 1800년이 넘는 해외 이산Diaspora 기간 동안 이스라엘 민족을 단결시키는 구심점이 되었다. 유대인들은 어디에서나 하루에 세 번 예루살렘을 향해 "야훼께서 말씀하신 바대로, 당신의 자비 속에 예루살렘에 돌아갈 수 있게 하소서. 그리하여 하루속히 영원한 도시를 다시 건설하고, 다윗 왕가를 다시 세울 수 있게 하소서"라고 기도했다. 19세기 말이 되면 유대인들에게 예루살렘의 역사적·종교적 중요성은 더욱 부각되었고, 그리고 1948년 유대인 국가를 수립한다(이디노풀로스, 『예루살렘』, 84, 136쪽).

2. 그리스도교: 거룩한 근원과 교감의 장소 예루살렘

그리스도인들에게 예루살렘은 어떤 의미일까? 그리스도인들에게 예루살렘은 유대인들과는 다른 의미가 있다. 유대인들에게 예루살렘은 유대 민족과 하나로 묶이지만, 그리스도교인들에게 예루살렘은 그들이 믿는 종교의 근원에 가 보고자 하는 열망과 연결된다. 그들은 성경의 기록과 관련하여 예수 그리스도가 서 있던 곳, 가르치던 곳, 기도하던 곳, 그리고 고통받던 곳에서 거룩한 근원과의 교감을 통해 과거를 현재화한다.

나는 2002년 6월 매주 금요일 오후 3시 프란체스칸 수도사들이 이끄는, 예수가 십자가를 지고 빌라도의 법정에서 골고다 언덕까지 걸어갔던 비아 돌로로사Via Dolorosa, '고난의 길' 행렬의 무리를 따라간 적이 있다. 예수가 채찍 맞은 성당에서 출발하여 무덤 성당에 이르는 행렬은 예수가 십자가를 지고 가다 멈추었던 곳마다 멈춰 기도하면서 무덤 성당까지 갔다. 그 길은 무슬림들의 시장이 있는 곳으로 사람들로 붐비는 좁은 길이었다. 행렬을 따라가는 사람 모두 주변의 소음에는 무심한 얼굴로 예수의 고통에 동참하고 있었다. 울면서 따라가는 사람도 있었다.

그리스도교 순례자로 제일 먼저 떠올릴 수 있는 사람은 콘스탄티누스 황제의 모후인 헬레나Helena이다. 그녀는 320년에 콘스탄티노플을 떠나 길고 힘든 순례여행 끝에 예수가 태어난 땅에 도착한다. 헬레나의 간청으로 황제는 성지에 큰 교회를 3개나 착공하게 했다. 첫 번째 교회는 예수의 무덤 위에 지어진 성묘Holy Sepulchre(비잔틴 시대에는 예수의 부활을 강조하면서 예수 부활Anastasis 교회라 불렸지만 십자군들은 예수 수난을 강조하면서 무덤 교회라고 부르게 되었다) 교회이다. 흔히 무덤 성당으로 불린다. 두 번째는 베들레헴에 있는 예수 탄생Nativity 교회, 세 번째는 부활한 예수가 승천한 자리에 세워진 올리브 산* 교회였다.

콘스탄티누스 황제에 의해 예루살렘뿐만 아니라 팔레스티나 전 지역이 새로운 전환기를 맞이하게 되었다(325년). 로마 신전과 석상들은 허물어지고 예수와 그의 제자들의 발자취가 담긴 유서 깊은 곳에 기념 성전들이 곳곳에 세워지게 되었다. 로마의 승리 이후 비잔틴 시대가 되면서 300년에 걸친 그리스도교 통치 시대가 이어졌다. 이 기간에 비잔틴 황제들은 예루살렘에 교회와 수도원을 수도 없이 지었다(이디노풀로스, 『예루살렘』, 20쪽).

예루살렘은 4세기 초반 콘스탄티누스 황제가 그리스도교로 개종하기 이전부터 중요한 그리스도교 성지였다. 그러나 예루살렘이 확

---

* 예루살렘 성의 동쪽에 있는 작은 산이 바로 올리브 산이다. 감람산이라고도 하는데, 이곳은 스테반 문을 나와 기드론 계곡을 건너가면 되는데, 예루살렘 성을 한눈에 바라볼 수 있는 곳이다. 이 산은 예수와 많은 관련이 있다. 제자들과 함께하며 설교를 했고, 예루살렘 성을 보며 눈물을 흘렸던 곳이며, 예수가 끌려가기 직전 이곳에서 기도했고, 십자가의 죽음 이후 부활하여 이곳에서 많은 제자가 보는 가운데 승천했다고 전해진다(김종철, 『이스라엘 : 평화가 사라져버린 5,000년 성서의 나라』, 55쪽).

실하게 그리스도교 도시로 변하게 된 것은 콘스탄티누스 황제 덕이었다. 황제의 개종 직전 그리스도교는 이미 지난 250년간 경멸받던 보잘것없는 교파에서 로마의 지도층 다수를 포함하는 막강한 종교 세력으로 성장해 있었다. 하지만 그리스도교인들은 4세기 벽두부터 디오클레티아누스 황제에 의한 마지막 대대적인 박해를 견뎌야 했으며, 313년 밀라노Milano에서 발표된 종교 관용정책 덕에 겨우 합법적인 종교로 인정받았다. 그리고 그로부터 한 세대가 지나자 그리스도교는 제국에서 가장 강력한 세력이 되었다. 힘이 실린 그리스도교회는 본격적으로 이방인들과 유대인들에게 그리스도교 교리를 강요하기 시작했다. 그리스도교가 로마의 국교로 공인되면서 유대인 공동체는 새롭고 즉각적인 도전을 받게 되었다. 그때까지는 로마 종교가 유대인 공동체에 때로는 위협적이었지만 어디까지나 정치적인 강압정책이었다. 그러나 그리스도교가 로마의 국교가 되자 그리스도교 지도자들은 유대교에 종교적인 강압정책을 펼치기 시작했다. 다시 말하면, 로마 제국의 모든 사람은 그리스도교로 개종해야 한다는 명제에 부딪히게 된 것이다. 더욱이 '시온에서 토라가 나가며, 주님의 말씀은 예루살렘에서'(이사 2:3)라는 문구에서처럼 예루살렘은 이스라엘(즉 유대인)의 본향이 아니라 예수 그리스도가 부활한 곳으로, 즉 그리스도교의 순례지로 바뀌게 되었다. 따라서 예루살렘에 그리스도를 기념하는 교회와 순례지가 만들어지고, 그리스도교가 이스라엘 백성에게 약속한 이스라엘 땅을 차지할 수 있는 올바른 상속권을 받았다고 주장하게 되었다(조철수, 『중동의 3대 유일신 종교 연구』, 34쪽).

안토니누스 피우스 황제 이후 약 200년간 팔레스타인의 유대인들은 로마 제국과 평화로운 관계를 유지했다. 그러나 콘스탄티누스가 예루살렘에 대규모 교회 건축을 추진하자, 그나마 얼마 안 되던 유대인들마저 예루살렘을 떠나거나 그리스도교 수도사들이 갑자기 공격하거나 개종을 강요할지도 모를 예루살렘에 가까이 가는 것을 피했다. 콘스탄티누스 황제는 그리스도교로 개종한 뒤 열렬한 신자가 되었지만 그는 그리스도교를 믿지 않는 제국 내의 모든 소수민족에게도 종교의 자유를 허락했으며, 유대인들 역시 이전의 황제들 아래서 누리던 모든 권리를 다 누릴 수 있었다. 하지만 337년에 콘스탄티누스가 죽자, 350년에 제국을 이어받은 그의 아들 콘스탄티우스 2세는 최초로 반유대인 정책을 추진해 그리스도교 지도자들의 조언에 따라 제국 내 그리스도교인 사회로부터 유대인들을 격리시켰다. 361년에 콘스탄티우스 2세가 죽자 그 뒤를 이은 사촌동생 율리아누스Julianus는 그리스도교를 혐오하는 열렬한 다신교 숭배자였다. 그는 교회와 국가의 밀착을 반대하여 반교회 정책을 펴 나갔다. 그는 콘스탄티누스와 콘스탄티우스 2세가 교회에 준 특권들, 예를 들면 유대인을 개종시킬 수 있는 권리 등을 모두 폐지하고 362년에는 유대인들의 예루살렘 귀환 및 성전 재건까지 허락했다.

　그러나 율리아누스의 때 이른 죽음 이후 그리스도교 신자인 황제들이 뒤를 이으면서, 유대인에 대한 적대감이 급속히 확산되었다. 테오도시우스 2세Theodosius II(408~438년 재위)의 치세 중에는 유대인들 자치 사회의 상징이었던 대표(니시) 직책이 폐지되고 유대인들의 법적 권리들이 박탈되었다. 사마리아인들은 유대인들보다 훨씬 더 상황이 안 좋았다. 로마 제국은 그들의 신앙이 히브리 신앙과도 같지 않다는 판단 하에 그나마 유대인들에게 허락한 권리조차도 거부했으며, 따라서 사마리아인들은 회당도 가질 수 없었다(이디노풀로스, 『예루살렘』, 136~139, 141~142쪽).

수많은 교회와 수도원 그리고 그리스도교 사제(즉 신부)들과 순례자들 덕에 예루살렘은 그리스도교 세계의 중심지가 되었다. 431년 에페소Ephesos에서 열린 공의회Council를 통해 카이사리아 대신 예루살렘이 새로운 총대교구Patriarchate로 격상하게 되었다. 이제 예루살렘은 이미 오랫동안 총대교구였던 로마, 알렉산드리아, 안티오크 및 콘스탄티노플과 어깨를 나란히 하는 위상을 갖게 된 것이다.

반유대인 감정은 527년 비잔틴 제국에 유스티니아누스 황제 Justinianus가 등극하면서 더욱 깊어졌다. 성지에 수많은 교회와 수도원을 지었던 이 황제는 오래된 반유대인 법안들을 다시 실시하고, 유대인들을 보호해 주던 법률은 모두 폐지했다. 그가 통합한 『로마대법전』에서도 유대교는 적법한 종교로서의 위치를 박탈당했다. 이리하여 비잔틴 제국 내의 유대인들은 법적인 지위를 잃고, 전례 없는 법률적·종교적 박해를 받게 되었으며, 심지어 그리스도교 세례를 강요받는 경우도 늘어났다(이디노풀로스, 『예루살렘』, 144, 200, 204쪽).

그러나 기원후 614년 봄, 호스로우 2세가 파견한 페르시아군에 의해 예루살렘은 함락되었고, 예수가 못 박혔던 십자가마저 빼앗기고 말았다. 조르아스터교를 믿는 페르시아군은 베들레헴에 있는 예수 성탄 성당(동방박사가 예수께 예물을 봉헌하는 벽화가 페르시아인들의 복장을 하고 있어서 화를 모면했다고 한다)을 제외하고는 골고타와 예수 무덤 위에 지어진 예수 부활 성당을 포함하여 모든 성당이 파괴되었다.

그리스도인들에게 가장 소중한 예수의 유물인 십자가를 되찾기 위해 비잔틴 황제 헤라클리우스는 기원후 622년에 메소포타미아 깊숙한 곳까지 침공하는 데 성공하게 된다. 627년에 페르시아의 수도 니네베를 정복하자 페르시아인들은 시리아나 팔레스타인, 이집트뿐 아니라 메소포타미아 일부까지도 다시 돌려주는 평화안을 받아들이게 된다. 그리고 비잔틴 제국은 630년에 예루살렘을 회복하고 성 십자가도 되찾게 되었다. 앞서 살펴본 것처럼 불과 8년 만인 638년에 무슬림들은 예루살렘을 점령한다. 그 이후 십자군이 예루살렘을 정복한 기간(1099~1187)을 빼면 약 1200여 년 동안 예루살렘과 팔레스타인은 이슬람 세계의 영향권 아래 남아 있게 된다. 이 기간 동안 그리스도교인들은 세금만 잘 내고 이슬람 법률만 어기지 않으면 전통과 관습에 따라 자유롭게 신앙생활을 하고, 그리스도교인의 자치 사회를 영위할 수 있었다.

오랜 세월 동안 그리스도교가 유대교나 이슬람과만 갈등을 빚은 것은 아니다. 그리스도교 내 교파 간에도 성지의 소유권을 놓고 싸웠다. 가끔 예루살렘에서의 교파 간 갈등은 국제적인 분쟁으로 이어지기도 했다.

예루살렘에 있는 그리스 정교회 주교들 및 라틴 주교들은 사이가 좋지 않았다. 유럽이나 소아시아, 중동 등지에 대한 영향권을 놓고 세력 다툼을 하던 이들 양대 세력은 이제 예루살렘이나 베들레헴, 나자렛 등에 있는 손바닥만 한 면적의 성지에 대한 관할권을 놓고 다투었다. 14세기에 시작된 이런 교회 세력 간의 갈등은 유럽 강국들 간의 세력 다툼으로 번지게 되었다.

라틴 교회가 성지의 관할권을 주장하는 것은 예루살렘이 1187년 살라딘의 수중에 들어간 후, 무슬림들에게 빼앗겼던 성지를 프란체스칸들이 되찾아 놓았기 때문이다.

프란체스칸들과 팔레스타인과의 관계는 예수의 발자취를 더듬기 위해 성지를 방문한 성 프란체스코가 십자군 전쟁 중인 1219년 이집트 술탄 멜렉 엘 카멜을 이집트의 다미에타Damietta에서 만나 성지와 인연을 맺게 되면서부터이다(첼라노, 『아씨시 성 프란치스꼬의 생애』, 112~113쪽). 프란체스칸들은 1229년 오늘날 예루살렘 십자가의 길 제5처 근처에 머물기 시작했고, 자신들의 학문적·법률적 재능을 십분 발휘해 1335년에는 시온 산에 최후의 만찬 수도원을 짓고, 도착한 지 불과 10년 만에 무슬림 당국으로부터 성묘 교회 및 예수 탄생 교회에 대한 그들의 기득권을 인정받았다. 그리고 무슬림들에게 빼앗긴 성지들을 하나씩 되찾기 시작했다. 로마의 가톨릭 당국은 이런 프란체스칸들의 성공적인 노력에 대한 보답으로 1342년 교황 클레멘스 6세가 프란체스코 수도회를 전 세계 가톨릭을 대표하는 성지의 보호자로 임명했다(성지보호관구, 1~34쪽).

그러나 오스만투르크 제국이 들어서고 나서 최후의 만찬 수도원 안에 다윗 왕을 기념하는 '다윗 왕의 무덤' 경당이 있었는데 이곳을 빼앗기 위해 오스만 관리들은 1551년 프란체스칸들을 수도원에서 완전히 쫓아내고 말았다. 오스만투르크 정부는 이전에 비잔틴 제국이었던 콘스탄티노플, 알렉산드리아, 안티오키아 및 예루살렘 등 모든 지역에서 처음부터 라틴인들보다는 그리스인들 편에 섰고, 이때부터 그리스 정교회는 프란체스칸들이 되찾아 놓은 성지들을 놓고 정치·경제적인 이득을 취했다. 1633년에 프란체스칸과 그리스 정교회는 성지를 두고 소유권 다툼을 본격적으로 하게 되는데, 이때 프란체스칸들은 베들레헴의 예수 탄생 동굴, 무덤 성당의 골고타 그리고 예수님을 염한 돌을 그리스 정교회에 빼앗기게 된다. 그러나 1635년 빼앗긴 소유권을 되찾게 되지만 다시 1637년에 빼앗기게 된다. 1690년에 프란체스칸들이 빼앗겼던 성지는 원래대로 다시 프란체스칸들에게 주어졌다. 1740년 오스만투르크 제국과 프랑스는 '조약 33조'를 맺어 1690년 상태로 두기로 확정했지만, 오스만투르크 제국은 프랑스와 맺은 조약을 지키지 않고 성지에 대한 일방적인 권리를 행사하면서 그리스 정교회의 편을 들었다(ROCK, *THE STATUS QUO IN THE HOLY PLACES*, pp.11~15)

이러한 경쟁 속에 아르메니아인, 시리아의 야코부스파, 에티오피아인 및 이집트인들까지 끼어들었다. 400년 동안 오스만투르크 정부는 이런 그리스도교 당파 간의 경쟁을 잘 이용하여 프랑스나 오스트리아 또는 러시아 같은 나라들과의 관계에서 정치·경제적인 이

득을 보곤 했다. 결국 그리스 정교회와 라틴 교회의 분쟁은 유감스럽게도 유럽 각국의 정쟁으로까지 발전되었다(이디노풀로스, 『예루살렘』, 266~273쪽). 성지를 놓고 세계열강의 각축장이 되자 성지에 대한 권리 변동을 더 이상 하지 못하도록 술탄 압둘 마지드Abdul Magid는 1852년 '현상 유지법'Status Quo을 공표했다. 그러나 이 현상 유지법은 1757년에 다시 프란체스칸들이 그리스 정교회에게 베들레헴 탄생성당, 동정 마리아의 무덤과 무덤 성당의 동정녀의 일곱 아치를 빼앗긴 것을 포함하는 것으로 확정되었다(Hoade, *Guide to the Holy Land*, p.801). 크림 전쟁에서 패한 러시아는 1855년에 맺은 파리 조약의 '현상 유지법'을 아무런 변경 없이 1878년 베를린 조약 '62조'로 받아들였다(Rock, *THE STATUS QUO IN THE HOLY PLACES*, p.15).

그러나 제1차 세계대전 이후 오스만투르크 제국이 붕괴되면서 유럽의 강국들은 다시 한 번 팔레스타인 및 중동 지역을 놓고 각축전을 벌여야 했다. 이제 그들은 시온주의자들과 아랍 민족주의자들의 갈등이라는 새로운 문제에 직면하게 된다. 과거 200년 동안 그리스인들에게 위협적인 문제가 되었던 것 중 또 하나는 프란체스칸들의 성지에 대한 권리 요구 외에 그리스 정교를 믿는 아랍인들의 도전이었다. 그리스인 성직자들과 아랍인 일반 신자들의 관계는 오스만투르크 정부 400년 역사 동안 한 번도 좋은 적이 없었다. 아랍인들에 의하면 그리스인 사제들은 교회 업무보다 돈 모으는 일에 혈안이 되어 있는 거만하고 부패한 사람들로 비쳤다. 정작 아랍인들을 위한 작은 마을 교회들은 필요한 돈을 받을 수 없었고 아랍인 사제들은 봉급도 받지 못한 채 겨우겨우 가난하게 살아가는 형편이었다.

그리스인과 아랍인 사이에 일어난 갈등의 근본 원인은 아랍 정교파로부터 그리스 정교파로 교회 지도권을 넘겨준 오스만 제국의 행정 체계에 있다고 볼 수 있다. 12세기 말 살라딘에서 16세기 초 오스만투르크의 정복에 이르는 300여 년 동안 아랍인들은 그리스 정교 사회에서 상당한 위치를 확보했었다. 그러나 오스만 정부는 정치적인 고려에서 처음부터 동방 그리스도교 사회의 주도 세력으로 그리스인들을 우대해 주었다. 1517년 이후 그리스인 성직자들은 오스만투르크 내의 정교를 믿는 민족들(그리스인, 아랍인, 시리아인, 불가리아인, 세르비아인 등)의 내정 문제에 책임을 지게 되면서 콘스탄티노플 총대주교는 엄청난 부와 권력을 손에 쥐게 된다. 이때부터 아랍인들은 교회의 지도층에서 밀려나게 되었다.

19세기 말에서 1917년까지 러시아는 예루살렘과 팔레스타인에 관해 유럽 각국, 특히 프랑스와 각축을 벌이면서 아랍인 정교도들의 독립운동을 지원했다. 러시아는 이 지원 과정에서 자신들도 모르게 아랍 민족주의를 탄생시키는 산파역을 했다. 1847년 로마 교황청이 십자군 이후 처음으로 라틴 총대주교를 예루살렘에 파견했고 영국과 프로이센 역시 성지에 대한 관심이 늘어나 1841년엔 예루살렘에 영국 성공회-개신교 합동 주교구를 설치한다. 또한 제1차 세계대전 후 그 지역을 점령하게 된 영국은 오스만과 같은 친 그리스 정책을 펴 나갔다. 그리고 오늘날의 이스라엘 역시 예루살렘에 존재하는 작지만 언제 폭발할지 모르는 그리스도교 세력들의 정치판에서 친 그리스 노선을 따르고 있다(이디노폴로스, 『예루살렘』, 276~278, 282~283, 286쪽).

이처럼 12세기 말 십자군 이후부터 그리스도인들은 팔레스타인에서 보낸 기간 동안 예수 그리스도를 기념하는 손바닥만 한 성지를 놓고 싸움으로 일관했다. 가난한 목수의 아들로 태어나 십자가에 처형될 때까지 율법이나 형식에 얽매이지 않고 자유로이 병든 자를 고쳐 주고, 간음한 여인을 구해 주고, 세리의 친구가 되어 주고, 억울하고 억눌린 사람들의 해방을 선포하고, 제자들의 발을 씻겨 주고, 처형당하면서 사형 집행인들을 용서해 달라고 간구하는 기도를 하느님에게 올린, 자기 비움(케노시스), 곧 사랑의 극치를 보여 주었던, 세속의 권력에 전혀 관심이 없었던, 오로지 하늘나라에 관심을 두었던 예수가 이러한 현상들을 어떤 마음으로 바라보았을까?

오늘날 무덤 성당은 6개의 교파가 그 권리를 나눠 가지고 있다. 여기에 흥미로운 이야기가 있다. 십자군으로부터 예루살렘을 되찾은 살라딘은 무덤 성당의 출입문을 하나만 남겨 놓고 모두 폐쇄한 후 그 열쇠의 권한을 무슬림 두 가정에 주었다. 한 집에는 열쇠를 보관하는 권한을, 다른 한 집에는 그 열쇠로 무덤 성당의 출입문을 여닫는 권한을 주었다. 그리고 그 권한은 지금까지 유지되고 있다. 그렇기에 그리스도교 6개 교파가 무덤 성당의 권리를 나눠 가지고 있지만 실질적인 무덤 성당의 주인은 무슬림이 되는 것이다.

무덤 성당과 올리브 동산 위에 있는 예수 승천 경당 그리고 기드론 계곡에 있는 성모 무덤 동굴, 베들레헴의 성탄 동굴은 현상 유지법에 따라 6개의 교파에게 분할되어 있다. 6개의 그리스도교 교파는 그리스 정교회, 라틴(프란체스칸), 아르메니아 정교회, 콥틱 정교회, 에티오피아 정교회, 시리아 정교회이다. 그러나 크게 그리스 정교회와 프란체스칸 그리고 아르메니아 정교회가 대부분의 권리를 소유하고 있다.

이 현상 유지법 때문에 위에서 언급한 네 곳의 성지는 성당을 보수하는 등의 변동을 가하기가 매우 어렵다. 그동안 성당을 보수하는 교파가 그 권리를 함께 행사해 온 이력들이 있어서 더욱 그렇다. 그렇지만 6개의 교파가 성지를 두고 서로 싸우는 중에도 그 안에는 질서가 있다. 성지의 어느 부분을 소유하고 있더라도 그 권리는 촛불을 켜고, 그 장소를 청소하고, 그 장소에서 전례를 거행하는 것이다. 소유권을 행사한다고 해서 배타적인 장소로 특정 교파만이 기도하는 것이 아니라 모든 교파가 기도할 수 있도록 열려 있고, 비록 그 장소가 타 교파에 속한다 할지라도 그 장소에 대한 같은 전승을 공유하며 공경과 애정을 용인하고 있다.

오늘날 프란체스칸들은 총 74개의 성지 중 58개 장소를 전적으로 관리하고 있고, 타 그리스도교파와 공유하고 있는 곳은 세 군데, 유대인들이 관리하고 있는 곳은 한 군데(최후의 만찬 성당), 그리고 무슬림들이 관리하고 있는 곳은 두 군데로 베타니아의 라자로의 무덤과 올리브 산의 예수 승천 경당이다.

오늘날 순례자들은 무덤 성당을 자유롭게 출입할 수 있지만, 이 슬람이 통치하던 1187~1832년에는 항상 닫혀 있었다. 현재 광장에서 볼 때 오른쪽에 있는 문은 닫혀 있는데 1187년 예루살렘을 접수한 살라딘이 성당에 들어가는 그리스도 신자들의 수가 많지 않다는 이유로 모든 문을 폐쇄하고 하나의 문만 남겨 놓고 순례자들로부터 성지 순례 세금을 받기 시작했다.

세금의 액수는 일정하지는 않았고, 기간에 따라 달랐다고 한다. 이때 이미 무덤 성당 안에 수도원을 가지고 있었던 프란체스칸들이 순례자들을 인솔할 때는 세금이 면제되었다고 한다. 무덤 성당 안 수도원의 프란체스칸들은 연중 몇 달씩은 성당 문이 닫힌 상태에서 살았다. 성당 출입문에 있는 작은 문은 그들이 음식을 공급받거나 외부와 연락을 취하기 위해 사용하는 문이었다.

호노리오 3세 교황은 1217년 순례자들이 무덤 성당에 들어가기 위해 이슬람에 세금을 내는 것을 금지하며 이를 어기면 파면하겠다고 경고했다. 그러나 세금은 폐지되지 않았고, 순례자들은 파면 위험을 무릅쓰고 순례를 감행했다. 무덤에 들어가기 위해서는 세금만 내면 되는 것이 아니었고, 시간을 지켜야만 했다. 오후 3시 이후에는 무덤 성당에 들어갈 수 없었고, 다음 날 아침 9시경까지는 나올 수도 없었다. 시간을 놓친 이들은 잠긴 성당 안에서 밤을 지새워야 했다.

성당에 들어가는 세금이 면제되는 것은 연중 두 번이었는데 하나는 성금요일부터 부활절 월요일까지이고, 다른 하나는 십자가 발견 축일 전야이다. 순례자들이 내야 했던 순례 세금은 1832년에 폐지되었다. 현재는 그리스 정교회와 작은형제회(프란체스코회) 그리고 아르메니안 정교회에서는 상징적인 액수인 20쉐켈(약 4달러)을 매월 성당 문을 여닫고 열쇠를 보관하는 가정에 지불하고, 장엄 전례가 있으면 별도의 세금을 내고 있다고 한다.*

예루살렘의 정치·사회적 변화와 소용돌이 속에서도 그리스도교인들의 성지순례는 중단된 적이 없었으며 오늘날에도 수천 명씩 그리스도교인들의 순례 행렬은 이어지고 있다. 그들에게는 누가 예루살렘을 다스리는가는 별로 중요하지 않다. 언제든 자유롭게 이곳에 와서 성경에서 보았던 그들의 신앙의 대상인 예수 그리스도가 제자들과 함께 있던 곳, 가르치던 곳, 기도하던 곳, 그리고 고통받고 처형되고 묻힌 곳에서 거룩한 근원과의 교감을 통해 성스러움을 체험하고자 하는 것이다.

3. 이슬람교: 위대한 예언자들의 도시 '성진의 집', '고귀한 성소' 예루살렘

세계 종교사를 들여다보면 이슬람교만큼 관용적이고 개방적인 종교 전통은 찾아보기 어렵다. 특히 유대교나 그리스도교에 대해서는 더

---

* 무덤 성당에 관한 자료는 현재 무덤 성당에 살고 있는 김상원(Theophilo) 신부로부터 듣고 기록한 것을 참조했다.

그렇다.

'이슬람'Islam이라는 용어는 '승인하다', '복종하다', '자신을 봉헌하다' 등의 뜻을 가진 동사의 부정형不定型에서 파생한 명사이며 '순종'과 '복종'을 의미한다. 이슬람 종교인들을 '무슬림'Muslim이라고 하는데 무슬림이라는 말은 '나는 신에게 봉헌하는 자'라는 점을 고백하고 있는 것이다.

기본적으로 무슬림 학자들은 대부분의 이슬람을 신조imān, 윤리ihsān, 그리고 종교적 의무'ibādāt의 셋으로 구분한다. 신조와 윤리는 꾸란에 나와 있고 종교적 의무는 나중에 규정된 것이다. 무슬림 신조의 첫 부분에는 "알라 이외에 다른 신은 없다"Lā ilāha illa Allāh라고 되어 있다. 무함마드의 신에 관한 가장 기본적인 진술은 이 세상에는 유일하신 한 분 하느님뿐이라는 것이다. 전지전능한 하느님은 창조자이며 심판관으로서 최후의 심판일에 무슬림들을 멸망에서 구원하고 천국으로 인도해 줄 유일한 분이다. 하느님은 세 가지 다른 방법으로 자신의 뜻을 세상에 밝히고, 그리고 인간을 인도한다. 즉 그의 사자와 서책 그리고 천사들을 통해서이다(노스, 『세계종교사』上, 471~472쪽).

꾸란에는 아담, 아브라함, 노아를 비롯해 모두 28명의 사자 혹은 예언자가 명시되어 있다. 이슬람 신학에 따르면 예수도 모세나 무함마드와 같은 하느님의 사자였다. 그러므로 이슬람은 유대교와 그리스도교를 처음부터 인정하고 출발했던 것이다. 이들 외에도 수많은 하느님의 사자가 있었다. 이러한 맥락에서 이슬람에서는 조로아스터와 붓다는 물론 공자도 하느님의 사자로 간주하고 있다(Hermann, *Die*

Glaubenslehren des Islam, p.183, 김영경, 『중동의 3대 유일신 종교 연구』, 70쪽 재인용). 하느님은 이 세상을 그대로 방치한 적이 한 번도 없었기 때문이다. 또한 꾸란에 의하면 토라와 시편과 복음서와 꾸란이 모두 계시된 서책에 포함된다(쉼멜, 『이슬람의 이해』, 120쪽).

꾸란은 인류 사회의 다종교 현상에 대해서도 다음과 같이 명확한 설명을 해 주고 있다. 만약 하느님이 지상에 단 하나의 종교 공동체를 원했다면 그리했을 것이다. 그러나 그리하지 않은 것은 그분의 뜻으로, 어느 공동체가 자신들에게 주어진 하느님의 율법을 잘 지키는지, 또 선행을 하는 데에 누가 앞서는지를 지켜보기 위함이다. 이러한 관점에서 보면 인류의 종교사는 '하느님에게 복종하여 평화를 얻은 혹은 얻으려는 사람'들, 즉 무슬림들의 역사였다. 그들이 개인적으로 어떤 예언자를 통해 유일신에게 귀의를 했든, 또 어떤 형태로 그분에게 예배를 올리든 그것은 일단 부차적인 문제라고 할 수 있다. 바로 이런 의미에서 무슬림들은 유일신 신앙을 인류사에 처음으로 각인시킨 아브라함을 '신앙의 아버지'이자 '최초의 무슬림'으로 간주하고 있다(꾸란 5:48, 16:93, 3:6, 김영경, 『중동의 3대 유일신 종교 연구』, 71쪽 재인용). 물론 무슬림들은 이슬람이 여타의 종교들보다 우월하다고 생각한다.

무슬림 신조의 두 번째 부분은 "무함마드는 알라의 사자이다" Muhammad rasūl Allāh라고 되어 있다. 신은 예언자들을 통해서 자신을 계시하며, 다른 사람들은 신을 알 수 없다는 것이다. 이러한 내용을 무슬림들은 자명하게 생각하고 받아들이고 있다. 신은 항상 아브라함, 모세, 그리고 예수를 포함한 여러 명의 예언자를 통해 자신을 나타내 왔다. 그러나 무함마드는 예언자 중에서 가장 위대한 예언자이며, 예언을 '완성'시킨 마지막 예언자라고 생각한다. 하지만 그는 기적을 행하지 않았고, 하느님 앞에서 그는 단순한 인간이었으며 하느님은 본질적으로 그에게 있어서는 '완전한 타자他者, the Wholly Other였다'고 무슬림들은 생각한다. 최후의 심판에 대해서 무함마드가 받은 계시의 내용은 조로아스터교, 유대교 그리고 기독교의 종말론과 유사하다(노스, 『세계종교사』上, 473, 475쪽).

윤리적인 부분을 보면 수 세기 동안 꾸란은 무슬림들에게 일상생활에 대한 포괄적인 지침을 제시해 주었다. 그렇기에 이슬람 법학자들은 모든 무슬림들이 태어나서 죽을 때까지 견지해야 할 행위규범을 제정할 수 있었다고 한다. 꾸란에서 인용한 한 가지 예문을 보면, "경건한 신앙심이란 알라와 최후의 심판일과 천사와 꾸란과 예언자들을 믿고 친척, 고아, 빈민, 여행자, 거지에게 재산을 나눠 주고, 노예를 자유롭게 하고, 예배를 지키고, 희사를 행하는 것이며, 일단 약속을 하면 지키고, 불행이나 곤궁한 역경에 처해서도 인내하는 것이다. 이처럼 행하는 자만이 성실한 자이며 신을 공경하는 자이다"(노스, 『세계종교사』上, 477쪽)라고 무슬림의 행위규범을 명시하고 있다.

흔히 무슬림들이 "한 손에는 코란, 한 손에는 칼"을 들고 정복민들을 대했다는 말은 사실과 다르다. 초기 무슬림 지도자들은 개종을 바라지도, 달가워하지도 않았다. 개종하면 인두세가 줄어들기 때문이었다. 또한 초기 무슬림 지도자들은 무함마드의 "성전聖典이 있는 종교는 함부로 하지 말라"는 가르침을 기억하고 있었다.

이슬람 국가에서는 유대인, 그리스도교인들이 큰 어려움 없이 무슬림들과 공존할 수 있었다. 이슬람 국가에 몸담고 있는 이교도들은 아흘 알-키탑, 즉 '성서의 백성'으로 분류되어 비록 제한적이긴 했으나 종교적 자유와 정치적 자치권을 보장받았다. 그들의 사회적 지위는 '딤미' 곧 '피보호민'으로서 이슬람 율법, 샤리아를 통해 생명권과 재산권의 보호를 받았다. 비무슬림들은 병역의 의무를 지지 않았다. 그 대신 인두세를 내야 했다. 비록 이런저런 제약을 두긴 했으나 전통적인 이슬람 사회는 종교적 소수집단에 대해 상대적으로 너그러운 사회였다. 그들에게도 신앙의 자유를 보장했고, 교회사에 오명을 남긴 강제 개종과 같은 것은 없었고 강제적인 개종은 예나 지금이나 극히 드물다. 오히려 '성서의 백성'을 살해해서는 안 되고, 강제로 개종시켜도 안 된다. 이슬람 초기 시리아 지방에 파견된 한 총독이 조세수입의 축소를 염려해 주민의 개종을 억제하다 칼리프의 질책을 받았다는 기록이 나온다(김영경, 『중동의 3대 유일신 종교 연구』, 71~72쪽).

이슬람 지역에서는 새로운 교회나 회당(시나고그)을 건립할 수 없다. 그러나 기존의 건물을 개보수하는 데는 어떠한 제약도 가해지지 않았다. 그리스도인이나 유대교인은 의사로서 존경을 받았으며, 행정부에서 이들을 재정 전문가나 사무 행정가로 발탁했다. 이들 중에는 궁정에서 고위직에 오른 인물들도 많았다. 특히 이집트나 시리아에서는 그리스도인들이 이 분야에 오랜 경험이 있었다. 심지어는 예언자가 남긴 말이라며, 무슬림들을 세속적 업무로부터 자유롭게 해서 더 경건한 생활을 영위하도록 도와주는 것이 콥트인에게 주어진 역할이라는 이야기까지 있었다. 중세에 활약한 많은 의사와 은행가들이 유대인이었다는 사실도 잊어서는 안 될 것이다(쉼멜,『이슬람의 이해』, 104~105쪽).

이슬람 전통에서 흔히 예언자와 4대 정통 칼리프caliph(계승자) 시대를 이야기한다. 이는 무함마드가 메디나Medina(고대의 야스립 Yathrib)로 이주하여 최초의 이슬람 사회를 세운 때부터 그가 죽은 뒤 4대 칼리프에 이르는 시기(622~661년)를 말하며 이 시기는 이슬람 역사에서 대단히 중요하다. 이슬람에서는 4대 칼리프를 정통 칼리프라고 여기며 이들이 간혹 정치적 판단을 잘못하는 실수를 범하기는 했지만 고결하고 경건하며, 깊은 종교심으로 공동체를 이끌었다고 생각한다. 이 시대를 무슬림들은 훗날 역사의 길잡이로 삼았다.

무함마드는 이슬람 초기에 먼저 베두인족을 통합하고, 강력한 군사적 집단이었던 그들과 함께 사막을 벗어나고자 하는 경제적 목적과 하느님의 뜻을 실현시키고자 하는 종교적 목적을 달성하기 위해 노력했다. 그러나 무함마드는 계승자를 선정하지 않은 상태에서 갑자기 죽었다. 그의 추종자들은 그의 계승자를 결정하는 문제로 진통을 겪었다. 결국 무함마드의 가까운 동료들이 주도권을 잡고 첫 번째 칼리프로 아부 바크르(632~634년 재위)를 선출했다. 첫 번째 칼리프 아부 바크르는 무함마드의 죽음 후 '여러분은 무함마드를 중심으로 모인 것이 아니고 알라신을 중심으로 모인 것이었다'는 내용의 연설을 함으로써 무함마드를 중심으로 통합되었던 부족들의 분열 위기를 극복하고 항복하지 않은 부족들까지 통합시킨다. 그는 부족들의 통합된 힘을 가지고 외부 세계에 대한 공격을 시도하다가 죽는다(샤르마 외, 『우리 인간의 종교들』, 832~833쪽; 노스, 『세계종교사』 上, 483쪽).

두 번째 칼리프인 우마르Umar(634~644년 재위)는 대단히 소박하고 금욕적으로 살았고, 아부 바크르처럼 경건한 신앙인의 본보기였다. 아부 바크르가 이뤄 놓은 기반 위에서 팽창해 가는 이슬람 국가의 통일성을 지키는 노력을 계속했다. 대다수의 수니*는 4대 정통 칼리프 시대 가운데 후대 이슬람 사회가 계승한 여러 가지 행정 관습이나 제도를 만든 그의 통치 기간을 실질적으로 가장 성공적인 시기로 평가한다(샤르마 외, 『우리 인간의 종교들』, 833쪽).

우마르는 모든 사람의 예상을 뒤엎고 6개월 동안의 포위 공격 끝에 다마스쿠스를 점령했다(635년). 그리고 타우르스Taurus 산맥을 경계로 하는 시리아 전역을 점령했다. 이슬람의 초기 정복이 쉽게 이루

* 수니파: 무슬림들은 이슬람의 급격한 확산으로 사신들의 행동에 대해 복잡하고 어려운 결정을 내려야 할 상황에 자주 부딪혔다. 초기의 이런 상황은 주로 아라비아 이외의 지역에서 발생했다고 한다. 그 이유는 꾸란의 가르침이 아라비아 이외의 지역에서는 불충분하거나 부적절하게 인식되는 경우가 종종 있었기 때문이다. 이때 맨 처음 할 수 있는 일은 메디나에 있었을 당시 무함마드가 했던 행동, 실천(sunna), 또는 그의 언행을 기록한 하디스에 의존하는 것이었다. 그리고 이것이 불충분한 경우 무함마드 사망 직후의 순나와 메디나 공동체의 의견(ijmā')을 참조하는 것이었다. 만약 이렇게 해서도 결정이 안 날 경우 마지막 취할 방법은 꾸란이나 메디나의 선례에 명시되어 있는 원칙에서 유추해 적용하거나, 아니면 각 지역의 꾸란 전문가들의 의견을 따를 수밖에 없다. 이때 이성에 의해서 독자적 해석이 내려지기도 했는데 후대에 이것은 설득력을 잃기도 했다. 이와 같은 원칙 아래 자신들의 행동을 결정하는 무슬림들을 수니파(Sunnīs 또는 Sunnites)라고 불렀으며 현재도 마찬가지다. 대부분의 무슬림들은 수니파에 속한다(노스, 『세계종교사』 上, 493~494쪽).

어질 수 있었던 것은 비잔틴과 페르시아 제국이 수년간에 걸친 전쟁으로 쇠잔해 있었기 때문이었다. 그런데 무엇보다 흥미로운 점은 다마스쿠스를 위시해 이 지역에 사는 유대인과 기독교인들이 이슬람에 정복당한 것에 대해 전혀 불만을 느끼지 않았다는 것이다. 이들은 페르시아와의 전쟁 여파로 헤라클리우스에게 억압을 받고 있다고 느끼고 있었는데 아랍인들은 이들에게 비교적 관대하게 대해 주었기 때문이다. 아랍인들은 "만약에 그들이 (전쟁에서) 항복한다면, 더 이상 그들을 적대시하지 말라"는 꾸란의 정신에 의해 이들을 통치했다.

필립 히티Philip Hitti는 무슬림들이 시리아를 '쉽게 정복'한 특별한 이유를 같은 셈족이라는 데서 찾는다. 필립 히티에 의하면, 알렉산더의 정복(기원전 332년) 이후 이 지역에 전파된 헬레니즘 문화는 사실 표층적이었고, 도시 거주민이나 헬레니즘 문화에 젖은 지배자들과는 달리 지방에 사는 사람들은 그들과 문화적·인종적인 이질감을 느끼고 있었으며 자신들을 시리아의 셈족이라고 인식하고 있었다는 것이다.* 시리아의 거주자들이 무슬림 정복자들에게 "우리는 지금까지 우리가 받았던 압박과 폭정보다는 당신들의 정의에 입각한 통치를 더 좋아한다"고 말했다고 전해 주고 있다.

무슬림의 시리아 정복은 다른 지역에도 영향을 끼쳤다. 예루살

---

* 아랍인은 여러 다른 민족과 마찬가지로 문화적인 동질성을 지니고 있지 않았다. 무함마드가 살아 있던 당시 셈어를 사용하는 족속이 대다수이지만, 남부 해안을 따라 비(非)셈족인 이디오피아인들이, 북동 지역에는 수메르인, 바빌로니아인, 그리고 페르시아인들이 들어와 살고 있었다. 또한 이집트로부터는 햄족이 들어와 정착했다. 또한 무함마드가 살

렘은 638년에, 바다에 인접한 요새였던 카이사리아Caesarea는 유대인 비밀 첩자의 결정적인 정보 제공으로 640년에 점령되었다. 그러자 팔레스타인 전역이 무슬림에게 항복하고 말았다. 고립되어 있던 이집트는 바로 그다음에 정복되었다(639~641년). 무슬림들은 북아프리카를 경유해서 1세기 후에는 스페인으로 진주했다. 동쪽으로의 공격은 사산Sasanids 왕조의 페르시아에 가해졌다. 먼저 부유한 도시들이 있던 이라크가(637년), 그리고 다음에는 페르시아가 항복했다(640~649년). 페르시아는 무슬림들이 이제까지 경험한 상대들과는 달리 강하게 저항했다. 페르시아인들은 셈족이 아닌 햄족이었으며 그들 사이에는 조로아스터교가 뿌리내리고 있었다. 종교적인 힘으로 잘 통합되어 있던 페르시아인들을 정복하는 데는 기간이 더 필요했다. 북서쪽에서는 12년간의 전쟁 끝에 소아시아 대부분이 점령되었다.

변변치 못한 무기와 낙타나 말로 무장하고, 또한 수적으로 열세에 있는 무슬림 전사들이 어떻게 정예화된 군대와 비잔틴 제국의 군내를 상대로 승리할 수 있었는지에 대한 추측은 여러 가지다. 부분적으로는 피정복지 거주자들이 전쟁을 싫어했고, 그리고 내적으로 불만을 품고 있었다는 점과 능수능란한 기마술과 아랍산 말과 낙타를 이용한 재빠른 기동성에서 그 이유를 찾기도 하고, 무슬림 전사들의 강한 열성과 종교적 헌신에서 그 원인을 찾기도 한다(노스, 『세계종교

아 있던 시기에 메디나에는 앗시리아, 바빌로니아, 그리이스, 그리고 로마로부터 도망해 온 많은 유대인들이 아랍인의 보호를 받고 살고 있었다(노스, 『세계종교사』 上, 453쪽).

사』上, 484~485쪽)

우마르가 정복지에서 보여 준, 유대인과 그리스도인들의 종교 행위를 깊이 존중하는 모습은 이슬람 사회뿐만 아니라 다른 종교 전통들에도 모범이 된다고 볼 수 있다. 이는 이슬람군을 이끌었던 할리드가 다마스쿠스를 점령하고 내린 포고문과 우마르가 예루살렘을 점령하고 거주민들에게 내린 포고문을 보면 더욱 명확하다.

자비롭고 인정 많은 알라의 이름으로. 이것은 만약 할리드가 다마스쿠스에 입성하면, 그곳의 거주자들에게 인정해 줄 약속 조항이다. 그는 그들의 생명, 재산, 그리고 교회를 보호해 줄 것을 약속한다. 그들의 도시 성벽은 보존될 것이며 어떤 무슬림도 그들의 집에 침입하지 않을 것이다. 그리고 우리는 그들에게 알라의 계약을 줄 것이며, 그들은 알라의 예언자, 칼리프들, 그리고 무슬림들의 보호를 받을 것이다. 그들은 인두세를 내기만 하면 어떤 해도 입지 않을 것이다. (노스, 『세계종교사』上, 484쪽)

자비로우며 온정이 많으신 알라의 이름으로 말합니다. 알라의 종복이자 신자들의 지도자인 우마르는 예루살렘 주민들에게 다음과 같이 안전을 약속합니다. 나는 모두에게 신변의 안전뿐 아니라 재산이나 교회 및 십자가의 안전도 보장합니다. 하지만 여러분들도 페르시아인들이 내는 만큼의 인두세는 내야 합니다. 또한 여러분들은 비잔틴 사람들이나 도둑들을 쫓아내야 합니다. 하지만 비잔틴 사람들도 마을을 떠날 때는 안전한 곳에 닿을 때까지 생명과 재산이 보장되며, 어느 곳에 머물든 역시 안전할 것이지만 예루살렘 주민들과 마찬가지로 인두세를 내야 합니다. 예루살렘 주민 역시 비잔틴 사람들처럼 떠나가고 싶다면 안전한 곳에 닿을 때까지 생명과 재산이 보장됩니다. 우리가 부과하는 인두세만 제대로 낸다면 여기에 쓰인 약속들은 알라와의 계약과 예언자 무함마드 및 그 후계자들의 보증에 의해 지켜질 것입니다. (이디노풀로스, 『예루살렘』, 304쪽)

세금만 내면 보호도 받을 수 있고 종교의 자유도 누릴 수 있게 해준 이 계약은 무슬림 정복자들이 피정복민을 어떻게 현명하게 다루는지를 보여 주는 사례들이다. 무슬림들이 신변보호에 대한 대가로 과세한다는 걸 얼마나 곧이곧대로 지켰는지, 634년 비잔틴군에게 다마스쿠스를 잠시 내주게 될 때 그들은 주민들을 보호해 줄 수 없게 되었다며 다마스쿠스 주민들에게 거둔 인두세를 돌려주기까지 했다고 하니 놀랍기만 하다.

무슬림들이 시리아를 처음 침공했던 633년부터 이집트 및 팔레스타인의 완전 정복에 이르는 640년까지 7년의 기간 동안 팔레스타인 사람들의 생활에는 별다른 변화가 없었다. 우마르는 아라비아의 무슬림들을 하나의 군사적 단위로 유지시키기 위해 아랍인들로 하여금 아라비아반도 이외의 지역에서 토지를 소유하지 못하도록 했다. 이러한 이유로 유목민 출신인 무슬림들은 일단 지역을 점령하고 나면 농지를 경작하는 일은 토박이들에게 맡겨 두었다. 피정복민들은 이러저러한 세금을 내고 나면 자유롭게 그전처럼 살 수 있었고, 아무 간섭 없이 종교생활을 계속할 수 있었다. 팔레스타인에 사는 그리스도교인들이나 유대인들은 그리스인 지배자들이 아무 이유 없이 지역사회에 간섭하고, 세금도 무거웠던 비잔틴 시절보다는 훨씬 나은 삶을 살 수 있었다.

재미있는 일화가 있다. 우마르가 예루살렘을 점령하고 입성하는 첫날 우마르의 요청으로 예루살렘 총대주교 소프로니우스는 그를 성전산으로 안내했다. 성전에 도착한 우마르는 그리스도교인들이 유대교 신앙에 대한 경멸의 표시로 성전에서도 가장 중요한 신의 거처에 쓰레기를 쌓아 놓은 걸 보고 기분이 상하여 주변을 깨끗이 청소하게 만들었다는 것이다. 또 하나는 그가 예수 부활 교회(무덤 성당)에 도착한 때는 무슬림들의 한낮 기도 시간인 정오였다. 손님에 대한 예우를 갖춘 총대주교는 그에게 교회 안으로 들어가 기도하도록 권했다. 하지만 우마르는 그리하면 부하들이 교회를 이슬람 사원으로 바꾸어 놓을 거라면서 공손히 거절하고 교회 밖 정원으로 걸어가 예절을 거행했다고 한다. 그리고 그리스도교 지도자들은 우마르에게 유대인의 예루살렘 거주 금지령을 계속 지속시켜 달라고 부탁했지만, 우마르는 이를 거부하고 그들을 다시 성안으로 불러들였다고 한다.

우마르가 예루살렘을 정복한 뒤, 많은 무슬림들이 아라비아에서 예루살렘으로 이주해 왔다. 어떤 사람들은 불모의 사막지대에서 먹고살기가 어려워서, 또 다른 사람들, 특히 메디나에서 오는 사람들은 예루살렘의 신성함에 매혹되어 이곳에 왔다. 그러나 우마르는 어느 날 비수를 가진 그리스도교인 포로에 의해 살해되었다.

무슬림들은 유대인이나 그리스도교인들처럼 가난한 사람들을 위한 구호사업을 벌였다. 예루살렘 정복 후 8년 만에 우마르의 뒤를 이은 칼리프 우스만(644~656년 재위)이 시작한 박애사업에서는 실로 암의 풍성한 과수원에서 나오는 모든 수입을 도시 빈민을 위해 쓰게끔 지정했다. 무슬림들은 예루살렘에서 그리스도교인들과 잘 섞여 살았으며, 그리스도교인들도 이들에 대해 별 불만이 없었다. 어떤 그리스도인 주교는 무슬림 관리들을 칭송하며 "이들은 그리스도교인들의 적이 아닙니다. 오히려 그들은 우리의 신앙을 찬양하고, 우리 사제들이나 성인들을 존경하며, 교회와 수도원에 기부금도 냅니다"라고 말했다고 한다.

우스만에 이어 무함마드의 사위인 알리(656~661년 재위)가 칼리프에 오르고 그 후 무아위야가 661년 칼리프가 되면서 움마이야조가 설립된다. 이 왕조는 다마스쿠스를 포함해서 인도부터 스페인까지 통치한다. 그러나 750년 압바스조가 움마이야조를 스페인으로 몰아내고 수도를 바그다드로 옮겼다. 무아위야가 도착했을 때, 다마스쿠스와 예루살렘은 둘 다 수많은 본토박이 그리스도교인들에 의해 꾸려져 가는 그리스풍의 도시였다. 이들은 모두 아랍어, 시리아어, 그리스어를 할 줄 알았으며, 아랍어를 하는 사람들도 꽤 있었다. 무아위야는 이들이 필요했다. 왜냐하면 그가 거느리고 있는 아랍 유목민들은 행정조직을 꾸려 나갈 능력이 없었기 때문이다. 뿐만 아니라 무아위야는 세금을 거두기 위해서라도 사제나 수도사 같은 믿을 만한 그리스도교인들의 도움이 필요했다. 아직은 아랍어가 공식 행정용어로 자리 잡기 전이었으므로 그리스어가 공용어로 사용되었으며, 그 결과 많은 시리아인, 그리스인 그리고 유대인이 제국 내에서 높은 직위에 오를 수 있었다. 무아위야는 지역 사령관 및 칼리프로서 40년 동안 통치하는 가운데 지역 그리스도교인들의 삶에 대해 매우 폭넓은 소양을 가지게 되었다. 그리스도교인들이 그들 간에 분쟁이 생기면 무아위야에게 중재를 요청할 정도였다. 무아위야의 주치의나 궁정 시인은 모두 그리스도교인들이었으며, 부인 역시 야코부스파 그리스도교인이었다. 무아위야가 정치와 행정 면에서 보여 준 역량은 놀랍다. 그는 처음으로 무슬림 해군을 창설해 그리스인 선원들에게 이를 맡겼는데 넓은 제국 내에 효율적인 우편제도를 도입하고 토지등록제도 실시했다(노스, 『세계종교사』上, 486~488쪽; 이디노풀로스, 『예루살렘』, 304, 316~318쪽).

이슬람이 예루살렘을 정복한 후에도 수 세기가 지나도록 예루살렘은 여전히 그리스도교인들의 도시였으며, 토박이 그리스도교인들, 그중에서도 특히 수도사나 사제들은 피정복민처럼 굴지 않아도 되었다. 무슬림들은 도시의 언덕에 들어선 수많은 아름다운 교회들에 감명받지 않을 수 없었으며, 여기저기 흩어진 성소들은 모두 유대인이나 그리스도교인의 성서에 등장하는 장소들이었다. 게다가 세계 각지에서 몰려드는 그리스도교 순례자들로 말미암아 예루살렘은 진정한 국제도시의 면모를 갖추고 있었다. 약 200년의 기간에 예루살렘을 방문한 세 명의 유명한 그리스도교 순례자들은 모두 이구동성으로 교회 건물들이 잘 보존되어 있으며, 형제들도 다 무슬림들에게서 좋은 대우를 받고 있다는 기록을 남겼다. 이곳에서 칼리프 자리에 오른 뒤 무아위야는 골고다 언덕, 겟세마네 동산, 그리고 기드론 계곡에 있는 마리아 무덤 등을 찾아다니며 기도했다. 이러한 행위를 이디노풀로스는 그리스도교 성소들에 대한 존경의 표시 외에 또 다른 의미를 덧붙인다. 이것은 "성지에 있어서 무함마드의 신앙이 유대교와 그리스도교에 대해 최종적으로 승리를 거두었음을, 이슬람교가 유대교와 그리스도교보다 한 차원 더 높은 종교임을 보여 주는 일종의 시위였다"고 본다.

그러나 무슬림들은 예루살렘 정복 이전부터 성전 지역을 경배해 왔다. 이는 예루살렘의 아랍어 명칭이 '성전의 집'이었던 것에서도 알 수 있다. 하지만 이 성전 지역이 훗날 오스만투르크 시대에는 '고귀한 성소'라고 불릴 정도로 본격적으로 무슬림에게 성스러운 지역이 되기 시작한 것은 무아위야가 그곳에 커다란 이슬람 사원을 짓기로 결정한 다음부터였다. 바위 돔 사원의 건축을 계획한 칼리프는 무아위야였지만, 691년 사원의 완공을 본 칼리프는 아브드 알 말리크였다.

바위 돔 사원은 사실 엄격히 말해서 사원 혹은 무슬림들이 함께 모여 기도하는 장소는 아니었으며, 단지 아브라함이 아들 이삭(이슬람이므로 이삭이 아닌 이스마엘)을 제물로 바치라는 신의 명령을 따르기 위해 제단으로 사용했던 신성한 모리야 바위를 경배하는 기념관 같은 것이었다. 알 말리크는 그리스인 건축가, 아르메니아인 장인과 더불어 시리아인 인부들을 고용하여 비잔틴 양식으로 팔각형의 8층짜리 건물을 웅장하게 지었는데, 이 사원은 현존하는 이슬람 사원 중 가장 오래된 사원이자 이슬람교의 상징적인 건축물이 되었다. 칼리프 알 말리크는 이 사원 건립에 이집트에서 들어오는 7년 동안의 국고수입에 맞먹는 돈을 아낌없이 쏟아부었다. 그는 사원의 정화 예식을 몸소 거행하면서 직접 손으로 바닥을 쓸고 닦았다고 한다. 그것이 관례가 되어 그 후의 모든 칼리프가 똑같은 예식을 해야만 했다.

바위 돔 사원은 수 세기에 걸친 여러 번의 지진으로 휘청휘청하다가 1016년 무너지고, 1319년 맘루크 칼리프 안 나시르 무함마드에 의해 재건축되어 오늘날의 모습이 되었는데, 알 말리크에 의해 완공되었던 원래의 건물 모양과 크게 다르지 않다고 한다. 바위 돔 사원의 둥근 지붕 겉면을 페르시아 자기로 된 타일로 장식했는데, 이 타일들은 노란색, 녹색, 검은색, 청록색 등 가지각색이며 그 기하학적인 꽃무늬 도안은 세계 최고 수준이라고 한다. 런던의 템플 교회, 엑스 라 샤펠에 있는 대성당 등이 이 건물을 모방한 것이라고 한다.

무슬림들의 전설에 따르면 하늘나라는 이 사원에서 20km밖에 안 떨어져 있다고 한다. 수년이 지난 뒤 "성스러운 사원(메카)에서 먼 곳의 사원(알 악사)까지, 밤에 그 종을(무함마드) 데리고 여행하시는 분에게 영광이 있으라"(꾸란, 17:1)라고 서술한 구절을 바위 돔 사원과 연결시켰다. 무슬림들은 무함마드가 메카에서 날아와 '가장 먼 사원'으로 옮겨졌다가, 신의 계시를 받으러 하늘로 올라갔다는 그 장소가 바로 바위 돔 사원이라고 믿게 되었다. 이렇게 무슬림들이 무함마드의 밤 여행 및 승천과 예루살렘의 관련을 믿기 시작하면서 예루살렘은 이슬람 신학에서 성스러운 도시의 위치에 오르게 된다. 바위 돔 사원이 완공된 뒤 무함마드의 밤 여행은 더욱 화려하게 각색되었다. 천사 가브리엘이 인도하는 가운데 무함마드는 부라크(여자의 얼굴에 공작 날개를 가짐)란 이름을 가진 마법의 백마를 타고 메카에서 예루살렘으로 하늘을 날아왔으며, 그 중간에 모세와 다윗에 대한 경의의 표시로 시나이와 베들레헴에도 들렀다. 무함마드는 천사 가브리엘의 안내를 받아 빛으로 된 사다리를 타고 하늘에 올라 아담, 아브라함, 모세, 솔로몬, 세례 요한, 예수 등을 모두 만나 대화를 나누고 마지막으로 일곱 번째 천국을 지나 알라를 만나서 최후의 계시를 듣고, 하늘에서 다시 모리야 바위로 내려와 부라크를 타고 새벽이 되기 전에 메카로 돌아갔다. 이러한 이야기들은 사람들에게 회자되면서 점점 더 많은 상상력을 키워 가기 마련이다. 훗날 무함마드의 밤 여행은 시인 단테가 그의 작품 『신곡』에서 '천국의 편'의 모델로 사용했다고 한다(이디노풀로스, 『예루살렘』, 319~323, 326, 330~331쪽).

무슬림 여행가였던 알 무카다시는 985년에 예루살렘은 "예언자 무함마드가 승천한 장소인 축복의 바위가 있는, 신에게 선택받은 도시였다"고 그의 여행기에 기록했다. 그런가 하면 예루살렘이 최후의 심판 및 부활을 보게 될 도시라는 믿음이 세월이 흐르면서 더욱 강화되었다. 그는 심판의 날 메카와 메디나가 예루살렘으로 움직여 갈 것이며 세 도시가 함께 신의 영광을 찬미할 것이라고 했다. 최후의 심판과 망자들의 부활이 다른 어느 곳도 아닌 이곳 예루살렘에서 일어날 거라는 보편화된 인식은 항상 시리아 및 팔레스타인의 무슬림들에게 예루살렘의 신성함을 일깨워 주었다. 무슬림 여행가인 페르시아 출신의 나시르 이 후스라우도 1047년에 예루살렘을 방문하고 "예루살렘은 무슬림 부모들이 아이들을 할례시키러 오는 곳이며 온 세상의 병들고 나이 든 사람들이 신이 계획한 그날이 왔을 때 바로 그곳에 있기 위해 찾아오는 마지막 쉴 곳"이라고 기록했다. 무슬림들은 유대인 전통을 따라 죽은 사람을 시온 산에 묻었는데, 무슬림의 묘지 중 가장 잘 알려진 곳은 바로 황금문 밖, 신이 선악을 심판하러 오실 곳이라는 여호사밧 계곡이 내려다보이는 곳이었다. 이 예루살렘 묘지는 매우 신성한 것으로 많은 무슬림 통치자와 귀족들이 이곳에 묻혔다.

알 무카다시가 살던 시절에 참배 시기가 되면 평소 예루살렘 인구와 맞먹는 2만 명 정도의 무슬림 순례자들이 친절한 대접을 받았다고 한다. 그런가 하면 파티마조 관리들은 1033년과 1063년에 예루살렘의 성벽을 보수했고, 하람 근처에 새로운 사원을 지었다. 또한 순례 여행을 보호하기 위한 해안의 야파(야포)나 아크레에서 예루살렘에 이르는 길목에 특수 경비대를 파견해 순례자들의 안전을 도모했다. 이런 각종 조치에 힘입어 1065년에는 1만 2000명이나 되는 그리스도교 순례자들이 독일과 네덜란드에서 도착해 예루살렘 상인들을 기쁘게 했다고 한다. 칼리프조가 세 번 바뀌는 동안 한 조마다 적어도 한 명의 칼리프는 '성서의 백성'들을 잘 보호해 주라는 무함마드의 가르침을 무시했다. 움마이야조에서는 우마르 2세, 압바스조에서는 9세기 중반에 칼리프 알 무타와킬, 파티마조의 칼리프 알 하킴 등 이들의 박해를 빼면 대체로 그리스도교인과 유대인들은 이슬람 통치

하에서 비교적 잘 지냈다(이디노풀로스, 『예루살렘』, 348~349, 350~351, 358쪽).

이 밖에 다른 종교 전통에 대한 이슬람의 관용은 사료를 통해서도 확인할 수 있다. 예를 들어 아랍군에 의해 정복된 이란에서 이슬람이 다수집단의 종교가 되기까지는 200여 년이 소요되었다. 이 밖에도 641년 네하완드Nihāvand 전투를 끝으로 사산 제국이 멸망되기 전, 이란의 국교는 조로아스터교였다. 당시 조로아스터교는 이미 대중적 지지기반을 잃어 가고 있었다. 그리스도교인들이 정복지에서 행했던 선교정책을 그들이 이란에서 펼쳤다면, 이 기간은 훨씬 단축되었을 것이다. 그러나 이란인들의 개종은 '칼'이 아니라 경건한 무슬림들, 특히 수피들의 귀감적인 삶을 통해 이루어졌다.

이란에 이어 이슬람화가 된 지역은 이집트였다. 이집트의 심장부였던 카이로가 아랍군의 수중에 들어간 것은 670년, 그러나 이 지역에서도 이슬람 제국의 팽창과 무슬림 공동체의 확장은 별개의 사건이었다. 이집트가 이슬람 세계에 편입된 후 500년이 지난 후에도 전체 인구의 50% 정도만 무슬림이었다는 사실이 이를 잘 말해 주고 있다(김영경, 『중동의 3대 유일신 종교 연구』, 72~73쪽).

인도를 정복한 무슬림 위정자들도 토착민에게 종교의 자유를 인정했다. 소수의 군대로 다수의 이교도 백성을 통치해야 하는 상황 하에서 전략적으로도 다른 도리가 없었겠으나, 이보다 더 중요한 사실은 이슬람 신학이 힌두교나 불교 신자를 종교적 동반자의 범주에 포함시킬 수 있는 신학적 장치와 포용력을 지니고 있었다는 사실이다.

인더스 계곡 하류를 점령한 젊은 장수 무함마드 이븐 알-카심(716년 사망)은 그래서 712년 이 새로운 점령지인 힌두교와 불교인들도 근동 지방의 유대교인이나 그리스도교인과 동등하다는 내용의 대단히 지혜로운 선언을 했다. 그렇지 않은 경우 소수의 무슬림들이 인도대륙, 그 넓은 지역을 통치한다는 것은 불가능했을 것이다(쉼멜, 『이슬람의 이해』, 103쪽). 그 결과 델리나 아그라 같은 무슬림들이 600년 이상 지배를 했고, 또 이슬람 왕국의 수도였던 곳에서조차 무슬림 인구는 전체 인구의 10%를 넘은 적이 없다(버나드 루이스, 『이슬람문명사』, 323쪽, 김영경, 『중동의 3대 유일신 종교 연구』, 73쪽 재인용).

스페인의 움마이야 왕조는 압두르 라흐만 3세 재임(912~961년) 시에 전성기를 맞았다. 1031년까지 지속된 이 전성기 중에는 무슬림, 그리스도인 그리고 유대인들 사이에 유래를 찾기 어려운 문화적 협력이 이루어졌다. 바그다드의 전성기는 천일야화로 잘 알려진 하룬 알 라쉬드의 재임(786~809년) 시였다. 하룬의 둘째 아들 마문(813~833년)은 그리스 철학과 과학 서적의 번역사업을 적극 장려했다. 이 번역사업은 이슬람 학문의 발달에 기여했고, 아랍의 기여로 더욱 풍부해진 학문적 유산은 후에 유럽으로 이전되었다. 중세 스페인 번역사들의 소개로 이 유산이 유럽의 과학과 의학의 발달을 도왔던 것이다(쉼멜, 『이슬람의 이해』, 35~36쪽).

그 후 이슬람 세계는 정치적으로 서서히 쇠잔해지기 시작했다. 팔레스타인과 이집트 인근에서 무함마드의 딸인 파티마를 연원으로 하는 시아파*의 파티마조가 909년부터 1171년까지 통치했다. 11세기에는 셀주크 투르크인들이 중앙아시아 스텝 지역에서 남하하여 페르시아, 이라크, 그리고 시리아를 이집트와 비잔티움의 국경까지 진격했다. 이즈음에 십자군이 쳐들어와 예루살렘을 장악했다(노스, 『세계종교사』上, 488쪽).

십자군과의 전쟁에서 보여 준 살라딘의 이야기는 유명하다. 1099년 십자군의 승리로 프랑스인들이 예루살렘을 정복하여 다스리다가 1187년 10월 2일 예루살렘은 살라딘에게 점령된다. 이날은 바로 무함마드가 하늘에 다녀온 것을 기념하는 날이어서 무슬림들에게는 예루살렘 탈환이 신의 뜻으로 이루어진 듯 느껴졌다. 십자군이 예루살렘을 점령하고 유대인과 무슬림들을 잔인하게 학살했던 데 반해 살라딘은 그리스도교인들로 하여금 몸값을 내면 모두 풀어 주겠다고 약속했다. 목숨 값으로 금화 한 닢에서, 그것을 낼 수 없는 사람들에

---

* 시아파: 무함마드의 직계 후손, 즉 그의 딸이며 알리의 부인인 파티마(Fātima)의 후손들이 이슬람을 통치해야 한다고 주장하는 입장이다. 알리 추종자의 무리(Shi'a)는 알리의 암살과 그의 두 아들, 즉 무함마드의 두 외손자의 죽음에서 시작된 알리 가문의 비극을 비통하게 생각한다. 이들은 이단 집단으로 비난을 받으면서도 동시에 수니파와 수피들의 동정을 받고 있다. 이들 가운데에는 급진적인 요소를 지니고 있는 자들이 있어 비난을 받고 있다. 그러나 그들에 대한 비난에 동조하면서도 대부분의 무슬림 세계에서는 이들에게 혹독한 박해를 가하지는 못하고 있다. 왜냐하면 시아 운동의 기원은 비교적 이슬람 초기까지 거슬러 올라가며, 정통주의의 입장에서 보더라도 이들의 입장은 나름대로 확고한 논리가 있기 때문이다. 처음 그들이 주장한 정치적인 입장은 오직 무함마드의 직계 자손만이 합법적인 칼리프가 될 수 있으며, 동시에 이슬람의 최고 통치자가 될 수 있다는 것이었다. 그리고 무함마드와 알리가 지향했던 목적을 마무리 지을 수 있는 메시아(Mahdī)가 알리의 후손 중에서 나타날 거라는 기대와 신앙을 가지고 있다.

게는 은화 한 닢을, 그것도 낼 수 없는 사람들에게는 하느님에게 바친다는 명목으로 다 풀어 주었다. 그의 관대한 마음을 보여 주는 이야기들은 셀 수 없을 정도로 많은데, 그중에서도 특히 돈 없는 수녀들이나 수도사들의 몸값을 직접 내주었다는 이야기가 유명하다.

그리스도교인 및 유대인 못지않게 무슬림에게도 성스러운 곳이었던 시온 산에 있는 다윗 왕의 무덤은 사원 건립을 위해 몰수되었고, 성묘 교회 건물 위에는 이슬람식 첨탑이 세워졌다. 하지만 살라딘은 성묘 교회 전체를 파괴하자는 건의를 무시했으며, 라틴 주교들이 도망친 걸 기뻐하던 그리스인들과 합의하여 그들의 종교의식을 재개할 수 있게 해 주었다(이디노풀로스, 『예루살렘』, 356쪽).

찬란했던 이슬람 문명은 1220년 중앙아시아에서 시작한 몽골군의 침략으로 대부분 파괴되었고 압바스 제국도 그 앞에 굴복했다. 마지막 칼리프는 1258년 목숨을 잃었고 바그다드는 대부분 파괴되었다. 몽골의 압력으로 아나톨리아의 룸 셀주크 제국도 산산조각이 났다. 그러나 1250년 팔레스타인과 시리아는 중앙아시아 투르크 출신으로 이루어진 이집트 군사들에 의해 점령된다. 맘루크라 불리는 이들은 압바스조에 이어 약 250년간 중동 지역을 다스렸다. 이집트의 맘루크조에 의해 추방된 몽고인들은 이라크와 페르시아로 퇴각하여 살다가 1세기 후에는 수피즘을 통해 이슬람으로 개종한다. 몽고의 세력이 쇠퇴하자 4개의 새로운 이슬람 제국이 출현했다. 옥서스 강 분지의 우즈벡조Uzbek, 페르시아(또는 서부 이란)의 사파이조Safawi, 인도의 무갈조Mughal, 그리고 소아시아의 오토만조Ottoman가 그것들이다. 13세기에 소아시아에서 흥기한 오스만 투르크인들은 보스포루스 해협을 건너서 1453년에 비잔티움(콘스탄티노플)을 점령하고 계속 발칸 반도로 진격하여 다뉴브 강을 따라 비엔나까지 진격했다가 퇴각했다(16세기). 오토만 제국은 남쪽으로는 팔레스타인을 경유하여 이집트까지 장악했으며 제1차 세계대전까지 존속했다(노스, 『세계종교사』上, 488쪽).

1526년 인도 북서부에 바부르(1526~1530년 재위)에 의해 무갈 제국이 건설되었다. 제국의 기틀을 완전히 다진 인물은 후마윤의 아들 아크바르(1556~1605년 재위)였다. 특히 그가 힌두교도와 그리스도인 그리고 파르시교인*에게 보여 준 관용과 관심과 협조는 비록 인도 이슬람 역사 전체에 걸친 것은 아닐지라도 돋보이는 것이었다. 또한 그와 그의 후손들이 예술, 특히 건축과 세밀화에 쏟은 관심은 이슬람 예술에 새로운 자극을 주었다(쉼멜, 『이슬람의 이해』, 35~36, 38, 41쪽).

맘루크 술탄들은 예루살렘에 사원과 숙소, 병원과 종교대학을 연이어 지었으며 멋진 석조 아치 길과 화려한 분수들도 만들었다. 십자군 침입이 있기 전의 파티마조, 그 이후 압바스조 및 맘루크조를 거치는 시기 중에 예루살렘은 무슬림 수도자, 수피 신비주의자, 신학자 또는 그 외 유심론 학자들이 수시로 드나들며, 그리스도교인들 및 유

---

* 무슬림들을 피해 8세기경 이란에서 인도로 피신한 조로아스터교인의 후손들로 오늘날 약 12만 5000명 정도가 봄베이를 중심으로 살고 있다. 이들은 높은 교육열과 사업수완으로 부유하며 널리 인정받고 있으며 하나의 계급을 형성하고 있다. 호텔, 상점, 철강공장, 인도의 항공사업계를 장악하고 있는 것으로 알려졌다(노스, 『세계종교사』上, 189쪽).

대인들과 같은 공기를 마시며 살아가는 국제적인 종교 도시가 되었다. 맘루크 이후 오스만의 술탄들은 400년이 넘는 긴 세월 동안 안정적인 통치기반을 마련했다. 그러나 오스만투르크인들은 군사적 재질은 뛰어났지만, 정치·문화·종교적인 면의 기술은 부족했다. 오스만 정부의 관심사는 영토 내의 평화유지와 세금징수였다(이디노폴로스, 『예루살렘』, 366, 374쪽).

실효를 거둘 수는 없었지만 술탄 셀림 3세Selim III(1789~1807년 재위)와 그의 뒤를 이은 술탄 마무드 2세Mahmud II(1808~1839년 재위)는 짐미스dhimmis(성서의 백성, 유대인과 그리스도인)들의 생명과 재산을 보호하고 비무슬림들을 차별하는 세금제도를 개선하고 개혁하려고 노력했다. 실질적인 개혁이 도입된 것은 근대화 바람이 불면서 1831년 이집트의 파샤 무함마드 알리Muhammad Ali에 의해 주도되었다. 알리의 양자 이브라힘이 파샤가 되어 통치한 9년 동안 시리아와 팔레스타인은 극적인 변화를 가져왔다. 이브라힘은 우선 지역 내에서 광범위한 부패의 근원이던 세리농 제도를 폐지하고 이집트군 장교로 하여금 직접 세금을 걷게 했다. 이집트군은 또한 사막의 유목민도 적으로부터 농촌을 보호해 지역의 평화를 되찾는 데 일조하기도 했다.

이런 개혁 조치로 가장 득을 본 사람들은 그리스도교인들이었다. 그들은 짐미스 신분에서 벗어나게 되었을 뿐만 아니라 그들의 증언이 무슬림들의 증언과 마찬가지로 법정에서 받아들여졌으며, 그리스도교인들도 이제껏 금지되어 온 공직에 임명되기 시작했다. 인두세도 폐지되었으며, 그리스도교인들은 예루살렘 지방자치회의에 대표를 내보낼 수도 있게 되었다. 또한 개혁 조치는 신앙생활에까지 확대되었다. 그리스도교인들은 공식 행사에서 십자가를 사용할 수도 있게 되었고, 허가를 받지 않고 교회 건물을 수리할 수도 있었고 교회를 새로 지을 수도 있게 되었다. 개혁의 혜택은 유대인에게도 미쳤다. 그들은 유대교 회당을 마음대로 수리할 수 있었고, 허락 없이도 성전의 서쪽 벽에서 기도를 드릴 수 있게 되었다. 수백 년 만에 처음으로 이 지역에 사는 모든 주민들의 생명과 재산이 보장된 셈이었다. 그러나 이런 개혁 조치들에 반감을 가진 이 지역의 무슬림들은 1834년과 1835년 여러 도시에서 반란을 일으켰다(이디노풀로스, 『예루살렘』, 379~380쪽).

지금까지 살펴보았지만 소수 통치자들을 제외하면 이슬람만큼 다른 종교 전통에 포용적이고 관용적인 종교 전통은 찾기 어렵다. 16세기까지만 해도 그들은 서구 문명에 대한 우월감과 스스로에 대한 자부심으로 관대함을 유지할 수 있었다. 그러나 오늘날 보이는 경직성에 대해 카워드는 "근대 이슬람의 전투적 성격은 '전투적 그리스도교', '전투적 유대교'에 대처하는 이슬람의 당연한 반응"이라고 주장한다. "중세 무슬림들은 다른 집단보다는 다른 여러 종교에 대해 폭넓은 지식을 갖고 있었으며 다른 지역의 신앙을 평가하는 데 있어서 유대교나 그리스도인들보다 훨씬 객관적"이었다고 본다(Coward, *Pluralism: Challenge to World Religions*, pp.48~49).

처음 무함마드가 메카에서 메디나에 성공적으로 이주한 후에 예루살렘을 향해서 기도했다. 그런데 그곳에 살던 유대인들이 이에 반대하자 메카를 행해 기도하기 시작했다고 전해진다(노스, 『세계종교사』상, 469쪽).

무슬림들에게 예루살렘은 아브라함과 모세, 예수 그리고 무함마드에 이르는 수많은 위대한 예언자들의 도시였고 지금도 그렇다. 이슬람 전통에서 예루살렘은 메카와 메디나와 더불어 성스러운 곳이다. 예루살렘을 찾는 무슬림들의 순례는 황금사원이나 알 악사 사원 같은 그들의 성지에만 국한되지 않는다. 유대교, 그리스도교의 성지도 포함되어 있다.

무덤 성당을 방문했을 때 나는 인도에서 온 이슬람 신자의 가족들이 예수님 무덤을 참배하기 위해 본인은 물론 어린아이들의 신발과 양말을 벗기고 경건하게 줄지어 서서 기다리는 것을 보고 숙연해졌다. 무슬림들은 모스크에 들어갈 때 신발과 양말을 벗는다. 이것은 모세가 시나이 산에서 하느님을 만났을 때 "네가 서 있는 곳은 거룩한 땅이니 네 발에서 신을 벗어라"(출애 3, 5) 했던 것에서 유래되었을 것이다. 그러면 구약을 공유하고 있고 같은 하느님을 고백하는 세 종교의 경계를 가로지르며 공유점과 차이점은 무엇인지 살펴보겠다.

【 2장 】
유대교, 그리스도교, 이슬람교의 경계 가로지르기

세 종교는 타 종교 문화와의 교섭과 시대적 정황에 적응과 변화를 가져올 수밖에 없었다. 그러면 먼저 세 종교의 공유점과 차이점을 살펴보고, 세 종교가 제시하는 다종교 문화 속에서 서로 소통하고 공존할 수 있는 가능성을 찾아보도록 하겠다.

1. 세 종교의 공유점과 차이점

유대인은 스스로를 '이스라엘'—'하느님의 거룩한 백성'으로서 아브라함, 이삭과 야곱의 후손이라고 생각한다. 시나이 산에서 하느님이 모세에게 계시를 주면서 시작된 유대교는 그리스도교와 이슬람교처럼 유일신 종교이다. 히브리 성서, 곧 시나이 산에서 하느님이 모세에게 계시한 토라는 유대교뿐만 아니라 그리스도교와 이슬람에서도 하느님의 계시로 인정한다. 따라서 유대교는 이 세상에 진리의 빛을 뿌린다는 긍지도 느끼고 있다(샤르마 외, 『우리 인간의 종교들』, 511쪽). 이처럼 세 종교는 같은 계시를 믿는다. 유대교의 히브리 성서를 그리스도교는 구약성서라 하고 이슬람은 오경, 곧 토라를 타우라트Tawrat라 한다. 이 세 종교는 하느님이 한 분이고 유일하며 초월적이고 자연법칙에 종속되지 않고, 완전한 타자임을 믿는다. 그리스도교는 역사적으로 볼 때 유대교로부터 생겨났다. 신약은 구약을 전제로 한다. 이슬람은 유대교와 그리스도교의 구약과 신약 성서를 하느님이 계시한 거룩한 서책으로 받아들인다.

유대교는 히브리 성서에 드러난 하느님을 믿지만 신약성서를 믿지 않는다는 점에서 그리스도교와 다르다. 그리고 예언자 가운데 유일한 자로서 모세를 인정하고 경전의 기록을 넘어서는 어떤 예언도 없다고 믿는 점에서 이슬람과 다르다(샤르마 외, 『우리 인간의 종교들』, 532쪽). 그러나 무함마드*는 유대교 경전에 쓰인 대로 사람들은 유일

---

* 무함마드의 연구에 중요한 자료는 꾸란과 하디스이다. 무슬림들은 꾸란은 무함마드를 통해 직접 알라신이 내린 계시라고 생각한다. 꾸란은 무함마드 사후에 편집되었으며 여기에는 무함마드의 가르침은 담겨 있으나 그의 생애에 관한 기록은 없다. 하디스에는 꾸란의 가르침을 보완 설명한 구절과 무함마드의 생애에 일어난 중요한 일들에 관한 기록이 있다. 하디스는 이슬람 초기 200년대에 편찬되었기 때문에 편찬 과정에서 편찬자의 의도가, 또는 정치 종교적인 의도가 개입되거나 많은 것들이 변조되었을 가능성도 배제할 수 없다. 그 밖의 자료로는 이븐 이샤크(Ibn Ishâq, 768년 사망)의 무함마드의 전기가 있다. 그의 생애를 간략하게 살펴보면, 전승에 의하면 정확하지는 않지만 대략 571년에 무함마드는 메카를 장악하고 있던 쿠라이쉬(Quraysh) 부족의 12개의 씨족 중 하나인 하심가(hâshimite)에서 유복자로 태어났다. 그의 어머니는 그의 나이 6세 때 죽는다. 그는 그의 할아버지와 삼촌(아부 타립Abu Talib) 밑에서 자라다가 할아버지 또한 그의 나이 8세에 죽는다. 무함마드가 태어난 하심가는 쿠라이쉬의 다른 씨족과 함께 카바 신전과 인근의 성스러운 우물의 관리권을 가지고 있었지만 빈궁한 처지에 있었다. 그는 시리아와 관

신께서 주신 율법에 따라 올바르게 살아야 한다고 믿었다. 그는 유대인들의 단식일이나 안식일 같은 개념들을 무슬림들에게도 필요한 것으로 받아들였으며, 처음부터 유대인들의 의식을 따라 그의 추종자들에게도 예언과 도덕률의 상징인 예루살렘을 향해 기도하라고 가르쳤다. 뿐만 아니라 그는 마지막 심판이라든가 죽은 자의 부활 같은 것도 믿었으며, 예수의 메시아적 사명도 인정했다. 그러나 무함마드는 하느님이 만든 율법을 세상에 전파할 도구로 이스라엘 민족을 선택했다는 사실을 인정하려 들지 않았다. 그것은 하느님은 모든 인류를 사랑하시지 특별히 유대 민족만 사랑하는 것은 아니라고 생각했기 때문이다. 또한 예수를 하느님의 아들이라 생각지 않았다. 하나이신 하느님은 아들이 있을 수 없다고 생각했다. 따라서 그리스도교의 삼위일체 사상도 인정하지 않았다.

무함마드는 유대인들과 그리스도교인들을 '경전의 사람들'이라 했다. 이들은 신의 계시를 받은 사람들이긴 하지만, 무슬림들과는 달리 무함마드에 의해 최종적으로 밝혀진 신의 진실을 받아들이지 않고 있는 사람들이란 뜻이었다. 무슬림은 또한 아담으로부터 족장들을 거쳐 모세와 예수 그리고 율법을 전한 예언자 무함마드에 이르기

계하는 대상(隊商) 활동에 종사하다가 부유한 과부 하디자(Khadija) 집의 창고지기로 들어간다. 그리고 그녀 소유의 대상을 이끌게 된다. 그의 고매한 인품에 반한 하디자는 그에게 구혼하고 그는 15세 연상인 하디자와 결혼한다. 무함마드는 하디자에 대한 사랑이 매우 지극하여 그녀가 살아 있는 동안 다른 부인을 두지 않았던 것으로 전한다(노스, 『세계종교사』上, 459~461쪽).

까지 그분의 예언자들을 믿는다. 더 나아가 무슬림은 하느님의 천사와 최후의 심판 그리고 '선과 악이 공히 하느님으로부터 온다'는 사실을 믿는다. 무슬림은 하느님이 언제 어디서나 우리와 함께하고 있으며, 고로 우리의 삶에 세속적이라고 칭할 만한 것은 없다는 사실을 항상 염두에 두고 계시된 율법에 준한 삶을 살려고 노력한다. 무함마드는 자신의 신앙이 곧 이스마엘을 통해 아랍인들의 선조이기도 하며 또 메카의 성소인 카바 신전을 세웠다는 아브라함이 신봉했던 순수한 신앙이라고 믿는다(쉼멜, 『이슬람의 이해』, 25, 26, 28쪽). 그렇게 보면 무함마드는 유대교와 그리스도교를 받아들이되 비판적으로 수용했음을 알 수 있다.

여기에서 무함마드가 어떻게 유대교와 그리스도교에 대해 알게 되고 종교적 삶을 믿고 선택하게 되었는지 간략하게 살펴보자.

거기에는 여러 가지 추측이 있다. 그것은 그가 12세 때 삼촌과 함께 다녀온 시리아 대상 여행과 하디자에게 고용되어 25세 때 다녀온 대상 여행을 통해서였을 것으로 추측하기도 하나 신빙성이 적다. 오히려 메카를 지나가는 유대교나 그리스도교인 대상들과 외국 상인들, 그리고 그곳 시장에 장사차 온 유대인과 그리스도교인을 통해서였을 것으로 추측한다. 이들은 종종 시장터에서 군중에게 설교하기도 했다. 꾸란에는 무함마드가 시장터에서 이와 같은 설교를 듣고 호기심에 가득 차 있었다는 언급이 있다(노스, 『세계종교사』上, 461쪽). 또 다른 전승에 의하면 메카에 있는 그의 친지들, 특히 그중에서도 와라콰

Waraqa라는 하디자의 사촌과 우마이야Umaiya라는 시인은 유대교와 그리스도교에 심취해 있었다고 한다. 그리스도교에 관한 한 그는 주로 네스토리우스파, 그리스도교의 기본 경전뿐만 아니라 외경의 영향도 받았을 것으로 추측하고 있다.

그의 종교적인 관심은 하디자와 결혼하여 한가한 시간을 얻게 되었을 때 점점 깊어져 갔다. 하디자의 사촌이고 덕망 있는 노인, 앞서 말한 장님 와라콰에게서 신앙과 실천에 관한 유용한 지식을 얻어 냈다. 다음으로 중요한 사람은 자이드Zaid라는 그리스도교 노예 소년이다. 무함마드는 자이드를 노예의 신분에서 해방시켜 주고 양자로 맞이했다. 그들에게서 들은 최후의 날과 최후의 심판이 임박했다는 관념은 무함마드의 심중을 심하게 동요시켰다. 그는 메카 주변에 있는 언덕을 방황하면서 홀로 명상했다.

40세가 되었을 때 그는 지금까지 살아왔던 삶이 전혀 새로운 삶으로 전환되는 경험을 하게 된다. 무슬림 전승에 의하면 그는 메카에서 북쪽으로 수 마일 떨어진 히라Hirā 산 밑에 있는 동굴에서 한 번에 며칠씩 명상을 했다고 한다. 그러던 어느 날 밤 갑자기 천사가 나타난다. 그는 환청을 듣고 환시를 보게 되는데 처음에는 그것을 믿지 않는다. 그는 동굴에서 밖으로 뛰어나온다. 너무 생각을 깊게 해서 미쳐 가는 것이 아닌가 하고 스스로 의심하고 자살하려고 산의 중턱에 올라갔을 때 그는 하늘에서 다음과 같은 목소리를 듣게 된다. "오, 무함마드여! 당신은 알라의 진정한 사도이다. 그리고 나는 가브리엘이다." 이 소리를 듣고 그가 머리를 들어 하늘을 쳐다보니 거기에 가브리엘이 선명하게 인간의 모습을 하고 하늘가에 서 있었다. 그는 얼굴을 들고 하늘 전체를 살펴보기 시작했다. 그러나 그가 쳐다보는 방향과 상관없이 가브리엘 천사가 거기에 있었다. 그는 홀로 시름에 젖는다. 여기에서 그에게 경험에 대한 확신을 갖도록 용기를 불어넣어 준 사람은 부인 하디자이다. 무함마드는 수개월에 걸쳐서 자기의 체험에 대해 회의적인 태도를 보이다가 차차 계시가 진실이라고 확신하게 된다. 결국 스스로를 알라의 진정한 예언자nabī이며 사도rasūl로, 즉 유대인과 그리스도교인에게 이미 알려져 있는 유일신의 사자로 생각하게 되었다고 한다(노스, 『세계종교사』上, 461~464쪽).

초창기의 꾸란 구절은 무함마드를, 하느님의 계시의 복을 받지 못한 아랍 동포에게 보낸 예언자로서 소개했다(쉼멜, 『이슬람의 이해』, 102쪽).

그 이후 무함마드는 친척이나 동료들에게, 길거리나 카바 신전에서 '주의 이름으로' 그가 받은 계시 내용을 낭송하기 시작한다. 그의 설교의 중요한 내용은 이 세상에는 한 분 하느님이 계시다는 것과 무함마드 자신이 그분의 예언자라고 하는 것, 그리고 가진 자들이 가난한 자를 위해 가진 것을 나누어야 한다는 것이었다. 그의 설교를 듣고 특히 쿠라이쉬 부족 사람들은 심각한 고민에 빠지게 되었다. 그들은 신이 한 분이라는 무함마드의 주장에는 그다지 반발을 표시하지 않았다. 그러나 자신이 예언자라는 그의 주장은 쉽게 용납될 수 있는 것이 아니었다. 왜냐하면 이것은 그가 전체 사회를 지배하는 지도자가 되겠다는 것을 의미했기 때문이다. 거기에 그의 예언은 사회 정의와 가난한 자에 대한 의무를 강조하고 있어서 기득권자들에게는 커다란 위협이 되었고, 쿠라이쉬 상류층들은 무함마드가 자신들의 종교적 권위와 상업적 질서를 위협한다고 느끼면서 무함마드의 추종자들을 탄압하기 시작했다. 쿠라이쉬 부족의 반대자들은 무함마드와 청중들에게 모욕과 위협을 가했으나 폭력까지 사용하지는 못했다. 그것은 그의 삼촌인 아부 탈립 때문이었다. 그 당시 아부 탈립은 가난했지만 쿠라이쉬 부족 사이에 정신적인 영향력이 있는, 존경받는 사람이었다고 전해진다. 결국 무함마드의 집안인 하심가로 하여금 아부 탈립이 사는 지역에서만 살도록 2년간의 금족령이 내려졌다. 그러던 중 무함마드에게 커다란 시련들이 닥쳐왔다. 그의 가장 막강한 후원자였던 하디자가 죽었으며, 그러고 나서 5주 후 개종은 하지 않았지만 무함마드를 키워 주었고 그를 지원해 주었던 삼촌 아부 탈립이 죽었던 것이다(노스, 『세계종교사』上, 466~467쪽).

그에게 거의 희망이 없어 보이던 때 갑자기 하나의 가능성이 생겨났다. 620년 그를 지지하는 여섯 명의 야스립(메디나) 사람들이 그를 찾아왔다. 북쪽으로 300마일 떨어져 있는 야스립은 두 부족 간의 갈등으로 항상 위험을 겪고 있었기 때문에 이들은 무함마드를 평화의 조정자로 맞아들이기로 했다. 이주 계획은 비밀로 진행되었으나 마지막 순간 탄로되어 메카인들에게 방해를 받게 되었다. 무함마드와 아브 바크르는 낙타를 타고 보통 11일이 걸리는 거리를 8일 만에 주파하여 무사히 야스립에 도착했다. 이때가 622년 히즈라Hijra로 이슬람력曆의 시발점이 되었다.

그는 그곳에서 예언자 활동을 무리 없이 진행하면서 도시의 통치권을 장악하고 도시 이름을 메디나(예언자의 도시)로 바꾼다. 전해지는 이야기에 의하면 처음 예배에는 예루살렘을 향해 기도했으나 메디나의 유대인들이 반대하자 메카를 향해 기도하기 시작했다고 한다(노스, 『세계종교사』上, 467~469쪽). 무함마드는 그가 받은 계시가 유대교와 그리스도교의 성서적 전통에 맥이 닿아 있으며 그 완성을 꾀하고 있다고 생각했다. 메디나에 도착했을 때 그는 유대인과 이슬람교인들이 평화를 위해 서로 협력할 것을 호소했다(Coward, *Pluralism: Challenge to World Religions*, p.51).

메디나와 메카 사이에 전쟁이 일어났다. 메카 쿠라이쉬족의 지배층은 상인이었는데 그들의 통상로인 메디나를 무함마드가 장악하고 있었기 때문에 사실 전쟁은 불가피한 것이었다. 처음 전투 623년 바드르Badr에서는 무함마드의 군대가, 그다음 전투 625년 우후드Uhd에서는 메카인들이 우세했다. 그 여세를 몰아 메카인들이 627년 한닥Khandaq 전쟁에서 대공세를 취했다. 메카인들이 수적으로 우세했다. 무함마드는 페르시아 추종자들의 조언으로 주변에 참호를 파 놓고 1만 명의 메카인들을 대상으로 싸워서 승리한다. 이로써 메디나에서 무함마드의 권위는 절대적인 것으로 발전한다. 드디어 630년 무함마드는 메카에 무혈입성하게 된다. 메카의 기득권자들은 무함마드에 의해 죽임을 당할 것이라고 생각했으나 보복은 없었다. 무함마드는 자신을 제거하려고 갖은 음모를 꾸몄던 자들까지도 대부분 용서해 주었다. 무함마드는 일반사면을 선포하고 그들을 끌어안는다. 그러나 그는 메카에 머물지 않고 다시 메디나로 돌아갔다. 632년, 메카 순례를 하고 돌아온 후 얼마 있지 않아 무함마드는 메디나에서 세상을 떠났다. 그가 632년 갑자기 사망할 때까지 아랍 부족들은 그의 신정정치 아래 통합되어 갔다(쉼멜, 『이슬람의 이해』, 29쪽; 노스, 『세계종교사』上, 457, 469쪽).

종교적인 것을 떠나서 아라비아반도에서 무함마드가 행한 위대한 공헌은 두 가지 관점에서 논의된다. 첫 번째는 한 번도 통합된 적이 없는 아라비아반도의 부족들을 하나로 통합시킨 것이고, 두 번째는 문자화된 문화가 없었던 아라비아반도에 문자화된 문화를 꽃피운 것이다. 역사학자들은 무함마드가 정열과 흠잡을 때 없는 강직성을 가지고, 당대 자기 부족들의 도덕적이고 정신적인 수준을 향상시킨 성공적인 인물이라고 평가한다. 또한 그는 가족관계 수립, 여성의 지위 향상, 노예제도 및 경제생활 등 기존 질서의 폐습을 개혁하고 더욱 공정한 질서를 수립하려고 노력했다.

무슬림들은 신이 항상 아브라함, 모세 그리고 예수를 포함한 여러 예언자를 통해 자신을 나타내 왔다고 생각한다. 그중에서도 무함마드는 가장 위대한 예언자이며, '예언을 완성'시킨 마지막 예언자라고 생각한다. 최후의 심판에 대해서 무함마드가 받은 계시의 내용은 조로아스터교, 유대교 그리고 그리스도교의 종말론과 유사하다.

윤리적인 면에서 수 세기 동안 꾸란은 무슬림들에게 일상생활에 대한 포괄적인 지침을 제시해 주었다. 그래서 이슬람 법학자들은 모든 무슬림들이 태어나서 죽을 때까지 견지해야 할 행위규범을 제정

할 수 있었다. 꾸란을 인용하면, 무함마드의 초기 추종자들에게 좀 더
나은 도덕적 생활을 위해 필요한 '술과 도박을 금지하는 법 조항'뿐만
아니라, 남자와 여자의 관계를 규정하고 여자에게 좀 더 높은 지위를
인정하는 조항* 등 이들이 제정한 행위규범이 그 당시 정황에서 보면
얼마나 포괄적이고 혁신적인지를 알 수 있다. 예문은 다음과 같다.

경건한 신앙심이란 알라와 최후의 심판일과 천사와 꾸란과 예언자들
을 믿고 친척, 고아, 빈민, 여행자, 거지에게 재산을 나눠 주고, 노예를
자유롭게 하고, 예배를 지키고, 희사를 행하는 것이며, 일단 약속을
하면 지키고, 불행이나 곤궁한 역경에 처해서도 인내하는 것이다. 이
와 같이 행하는 자만이 성실한 자이며 신을 공경하는 자이다.

---

* 이슬람 하면 히잡을 연상하고 여성들의 지위를 생각하게 된다. 그러나 이슬람 이전의 여
성의 지위와 비교하면 이슬람 법규는 엄청난 발전을 의미했으며, 적어도 법조문상으로는
여성들이 자신이 지참한 재산이나 스스로 번 재산을 관리할 권리를 갖게 되었다. 이슬람
초기만 해도 여성의 지위는 열악하지 않았다. 수 세기가 지나서야 여성은 점차 집 안에 갇
히게 되었고 베일을 써야만 했다. 머리를 베일로 가리는 풍습은(유대교나 초기 그리스도교
에서도 널리 행해진 관행으로서) 원래 고상하고 품위 있는 몸가짐의 상징이었다. 그러나 여
성들은 차츰 바깥세상으로부터 교묘하게 격리됨으로써 권리를 빼앗기게 되었으며, 유산
상속의 경우에서처럼 꾸란의 가르침이나 강령에 근본적으로 배치되는 관념들을 지배하
기에 이르렀다. 집 안에서의 여성, 특히 어머니의 지배는 절대적이다. 이슬람사를 살펴보
면 하디스 전수자로서, 뛰어난 서예가로서, 또는 시인으로서 여성들이 결코 지적으로 무
기력하지 않음을 알 수 있다. 처음으로 접한 계시로 무함마드가 충격 속에 있을 때 그
를 격려해 주었던 첫째 부인과 마찬가지로, 그의 가장 어린 부인 아이샤도 하디스의 전수
에 있어서나 정치적으로 상당히 중요한 역할을 했다. 바스라 출신 라비아(801년 사망)는
대단히 영향력 있는 신비주의자였으며, 13세기 델리의 여술탄 라지야나 이집트의 샤자
라트 앗-두르 등은 자신이 소속된 나라의 정치계에서 중요한 역할을 했다(쉼멜, 『이슬람
의 이해』, 95~97쪽).

그 밖에도 꾸란은 부모에 대해 효도할 것과 빈곤이 무서워서 자식들의 목숨을 함부로 해쳐서는 안 된다는 내용을 담고 있다.

한 책과 한 희망

하느님은 예언자를 통해 계시를 내리시는데 유대인들은 그 무엇보다도 모세에게 내린 모세오경을 중시한다. 그러나 그리스도교는 유대인들에게 내린 하느님의 계시, 즉 히브리 성서를 옛 약속, 즉 구약으로 부르고 예수의 말씀과 그분에 대한 신앙을 새로운 약속, 즉 신약으로 부른다. 그리스도인들에게 구약성서와 신약성서는 역사적 연속성이 있는 하느님의 말씀이다. 물론 유대인들은 예수를 인정하지 않고 신약성서도 받아들이지 않는다. 이슬람교는 하느님이 꾸란을 통해 신약과 구약의 말씀을 최종적으로 완성하셨다고 믿는다. 즉 유대인과 그리스도인들에게 내려진 말씀을 최종적으로 집대성한 서책이 이슬람의 경전, 꾸란이라는 것이다. 하지만 유대교와 그리스도교는 꾸란이 잘못된 계시라고 주장한다. 그러나 이슬람은 원래 유대교와 그리스도교에게 내려진 계시와 꾸란은 완전히 일치한다고 말한다. 그런데 하느님이 내려준 신성한 계시를 역사적으로 유대교와 그리스도인들이 자의적으로 왜곡하여 오늘날 신약과 구약 성서와 꾸란 사이에 다른 점이 생겼다고 믿는 것이다.

그리스도교는 꾸란과의 관계보다는 구약성서와 신약성서의 관계 및 교회에 대해 구약성서가 갖는 의미를 신학적으로 규정하는 것이 중요했다. 그것은 바로 그리스도교 정체성을 유대교와 관련하여 결정하는 것을 뜻하기 때문이다. 그리스도교 교회는 이스라엘의 히브리어 성서를 그들의 '구약성서'로 보존하는 까닭은 무엇이며, 그리스도인은 어떤 눈으로 구약성서를 읽는가 하는 질문에 설명해야 했다.

몰트만은 구약성서와 신약성서의 관계를 네 가지 입장으로 분류하여 설명한다. 첫째, 종교적 무관성을 주장하는 입장이다. 이 입장은 역사적 격동기에 간혹 제기되었지만 설득력을 갖지 못한다. 둘째, 두 성서의 대비가 구원에 필요하다고 보는 입장이다. 이 입장은 두 성서를 '빛과 어둠'의 대조로 비교하고 있다. 이 입장은 오랫동안 그리스도교가 유대교뿐만 아니라 타 종교를 이해하는 방식이었다. 셋째, 그리스도교를 구속사의 상속자로 보는 입장이다. 이 같은 입장에서 판단해 볼 때 이스라엘의 역사는 그리스도교의 '전사前史'에 지나지 않으며, 구약은 신약에 이르는 '전 단계'에 불과하다. 이스라엘 민족은 구속사의 맥락에서 볼 때 뭇 민족들의 교회의 도래를 준비하는 데 이바지했다. 왜냐하면 구약이 신약에서 성취되었기 때문이라는 것이다. 이와 같은 견해는 매우 널리 퍼져 있다. 이 견해는 그리스도교를 유대교의 완성이요 그것의 극복이라고 표현한다. 이 견해는 무슬림들이 꾸란이 신약과 구약 성서의 완성이라고 보는 것과 같다. 이 같은 견해에서는 유대교가 하느님의 구속사에서 교회와 함께 독자적인 위치를 차지하지 못한다. 넷째, 예언자적 공동체로 보는 입장이다. 이 입장은 구약성서의 하늘과 땅을 새롭게 하는 하느님의 나라, 곧 온 피조물들에게 평화를 가져오는 자유의 왕국에 대한 약속들이 그리스도를 통해 뒷받침되었다는 것과 교회를 통해 모든 민족에게 확장되었다는 것을 알리고 있다. 즉 신약성서의 메시지로 모든 민족의 모든 사람이 이스라엘의 희망 속에 받아들여진다. 신약성서의 미래는 구약성서의 미래와 동일하다. 즉 두 성서가 모두 하느님의 나라를 지향한다. 이 같은 견해로 비로소 구약성서는 신학적으로 그리스도교 전통 안에서 그 진가를 인정받는다. 그리스도의 교회와 함께 이스라엘과 유대교 회당의 특수한 의미도 인정받는다. 유대교인과 그리스도인은 공동으로 '한 책과 한 희망'을 공유하고 있다는 것이다(몰트만, 『오늘의 신학 무엇인가』, 41~45쪽).

여기에서 나는 같은 '하느님 나라' 지향에서 유대교, 그리스도교뿐 아니라 이슬람교도 '한 책과 한 희망'을 공유할 수 있다고 생각한다.

유대교, 이슬람교에서 예수 그리스도를 어떻게 생각하는가?

그리스도교에서 가장 중요한 것은 '그리스도론'이다. 교회는 최초의 신앙고백 이후 신약성서를 교회가 내세우는 그리스도 교의의 증거로 받아들였다. 즉 예수 그리스도는 하느님의 독생자라는 것이다. 신약성서는 그리스도에 대한 가르침, 곧 그리스도론의 토대가 되었다. 그럼에도 이 같은 그리스도론은 예로부터 '위로부터의 그리스도론'이다. 이 그리스도론은 하늘에서 시작하여 하느님 아들의 육화incarnation을 통해 나자렛 예수 사건으로 이 땅에 내려온다. 이 그리스도론에서는 예수, 곧 인간이 된 하느님 아들이 갈릴리에서 예루살렘으로 가 골고타에서 십자가에 처형당하고 셋째 날 죽은 자들 가운데서 부활하고 하늘로 올라갔음이 증언되며 그가 마지막 날 재림하여 심판을 집행할 것이 고대된다.

구세주가 땅으로 내려오고 하늘로 올라간다는 이 같은 그리스도론의 도식은 그리스도교 이전부터 있었던 전통적인 종교의 신화적 도식이다. 근대에 이르기까지 사람들은 형이상학적으로 느끼고 생각했다. 영원불멸한 신의 존재는 확실하여 의심할 여지가 없는 것으로 간주되었고, 다만 덧없는 존재만이 불확실하고 의심스러운 것으로 경험되었다. 그리스도에 대한 사람들의 질문은 예수가 신인가 하는 것이 아니라, 그가 실제로 정말 인간인가 하는 것이었다.

그러나 현대적 사고의 '인간학적 전환'은 그리스도에 대한 질문을 바꾸어 놓았다. 이제는 예수가 인간이라는 것이 문제가 되지 않고 그가 신이라는 것이 문제가 된다. 나자렛 예수를 인간이 된 신의 아들로 인식하기 위해 하늘에 있는 신의 존재를 전제하는 것은 더 이상 불가능하게 되었다. 이와는 정반대로 신을 인식하기 위해서는 나자렛 예수라는 인간으로부터 출발해야 한다. 그러므로 현대적 사고를 전제하는 그리스도론은 언제나 전형적인 '아래로부터의 그리스도론'이다. 예수의 길을 '위로부터' 조망하는 것은 신의 입장일 수밖에 없다. 그러나 인간은 '아래에 있는' 이 땅 위에서 살고 있으며, 오직 그들 정신이 경험할 수 있는 범위 내에서만 인식한다. 그들이 만나는 것은 하늘에 있는 영원한 하느님의 아들이 아니라, 나자렛 예수라는 인간이다. 전통적인 '위로부터의 그리스도론'은 언제나 '신인'神人으로서의 그리스도에 대한 그리스도론이었다. '아래로부터의 그리스도론'의 현대적 사고의 전환은 '하느님의 사람' 예수로부터 시작된다. 중요한 것은 양자택일인 관점이 아니라 상보적인 관점들이다. 이 두 그리스도론은 변증법적으로 상호 연관되어야 한다(몰트만, 『오늘의 신학 무엇인가』, 46~48쪽).

그렇다면 유대교, 이슬람에서는 예수 그리스도를 어떻게 생각하는가?

똑같은 유일신을 믿는 세 종교이지만 예수 그리스도에 대한 생각의 차이는 크다. 유대교는 기다리던 메시아가 아직 오지 않았고, 예수는 결코 메시아가 아니라고 본다. 매우 진보적인 유대학자 소수만이 예수를 훌륭한 랍비로 볼 뿐이다. 반면 이슬람은 예수를 사랑한다. 꾸란은 동정녀 출산을 사실로 인정한다. 예수는 하느님이 마리아에게 잉태시키신 '말씀'이다. 그러나 이것은 예수를 '하느님의 아들'이라고 불러야 한다는 것을 의미하지는 않는다. 오히려 예수는 무함마드 이전 시대에 마지막으로 부름 받은 위대한 예언자이자, 인류의 병을 고치는 치유자였고, 신성한 지위를 절대 탐하지 않는 사랑과 가난과 겸손의 사표였다. 마리아는 지상에서 살았던 가장 위대한 네 여성 중 한 명이다(쉼멜, 『이슬람의 이해』, 107쪽).

그러므로 십자가가 그리스도교 신앙에서 차지하는 중요성을 무슬림들은 결코 이해할 수 없었으며, 이슬람에서는 원죄의 개념이 없으므로 대속의 필요성은 더욱 인정될 수 없었다(쉼멜, 『이슬람의 이해』,

108쪽). 이에 반해 유대교와 그리스도교는 원죄를 인정한다. 따라서 인간을 죄인으로 인식한다. 아담과 하와의 죄로 모든 인류는 원죄를 안고 태어났다고 믿는다. 그러나 무슬림들은 원죄를 인정하지 않는다. 자비로우시고 자애로우신 하느님께서 아담과 하와의 잘못을 용서하셨기에 원죄란 있을 수 없다는 것이다(박현도, 「하느님 예수, 예언자 예수」, 40~43쪽).

또한 무슬림들은 예수가 행한, 병자를 고치고 죽은 자를 살리는 놀라운 기적이 모두 하느님의 뜻에 따른 것이라고 생각한다. 예수가 독자적으로 이룬 기적이 아니라 예수보다 더 위대한 하느님의 허락 하에 행해진 기적이라는 뜻이다. 이는 결국 예수와 유일신 하느님이 동격이 될 수 없음을 뜻한다. 어디까지나 예수를 인간으로 보고 신으로 인정하지 않는다는 말이다. 따라서 그리스도교의 삼위일체 교리는 이슬람에서 수용할 수 없는 교리다. 무슬림은 하느님이 예언자 예수를 통해 인간이 올바르게 사는 법을 가르쳐 주었다고 믿는다. 그들은 성모 마리아와 예수를 사랑하고 존경한다.

이슬람 문화권에서는 무슬림이나 그리스도인이나 하느님을 '알라'Allāh*라고 부른다. 또한 알라의 뜻에 헌신하는 삶을 살아가는 사

---

* 무함마드 당시 여러 부족신뿐만이 아니라 메카에서는 거의 구분이 안 되는 세 여신이 숭배되었다. 태양을 상징하는 모신(母神)인 알-라트(al-Lāt), 운명의 여신인 알-마나트(al-Manāt), 그리고 비너스의 배우자이며 샛별을 상징하는 알-우즈자(al-Uzzā)가 예배의식의 중심이 되었다. 이들은 알라의 딸들로 알라는 뚜렷하지는 않지만 창조자, 멀리 떨어져 있는 지고신(至高神)으로 여겨졌고, 무함마드의 부족인 쿠라이쉬족이 이 신을 숭배했다. 무함마드는 종교 체험 후 유대교와 그리스도교에서 고백하는 유일한 아브라함과 모세

람들을 무슬림이라고 한다. 따라서 이슬람 전통에서는 아담, 노아, 아브라함, 모세, 세례자 요한 등 신구약 인물들도 모두 무슬림이다. 그리스도인들에게는 거북할지 모르지만 그들은 예수도 무슬림이라고 한다. 그것은 예수는 알라의 뜻에 맞게 사신 분이기 때문이다. 하느님은 인간을 올바른 길로 이끌기 위해 첫 번째 예언자 아담을 필두로 역사 내내 예언자를 보내 주셨다. 예수도 그러한 예언자 중 한 분이고 무함마드는 마지막 예언자이다. 무함마드는 아담부터 예수까지, 그리고 이후에도 역사에 널리 알려지지 않은 예언자들을 거쳐 내려오는 유구한 예언자 계보에서 마지막을 장식하는 최후의 예언자이다. 그리스도인과 무슬림이 싸울 때 그리스도인들이 이슬람의 예언자 무함마드를 폄하하고 욕해도 무슬림들은 결코 예수에 대해 그렇게 하지 않는다. 예수를 부정하는 것은 유일신께서 보내 주신 예언자 자체를 부정하는 것이기 때문이다. 이슬람에서 성모 마리아와 예수는 위대한 무슬림이 되는 것이다(박현도, 「이슬람과 예수」, 40~43쪽).

정결례와 안식일, 그리고 종말론

정결에 대한 무슬림들의 의식과 의례를 보면 그리스도교보다 유대교

의 하느님을 받아들이면서도 이름은 '야훼'가 아닌 아랍에서 잘 알려진 지고의 신 '알라'(Allāh)라는 이름으로 대신한다. 그리고 이 세상에는 유일하신 한 분 하느님뿐인데 그분이 바로 '알라'라고 선포한다. 아랍인들은 낯선 이름이 아닌 익숙한 '알라'라는 이름이 받아들이기가 쉬웠을 것이다.

와 더 유사하다(박현도, 「무슬림의 정결례」, 40~43쪽). 구약성서 레위기 11장에는 식생활의 규칙을 기록해 놓았다. 일단 짐승 중에서도 굽이 갈라져 쪽발이 되고 되새김질하는 것은 먹을 수 있지만 그렇지 않은 것은 먹을 수 없다고 했다.

2013년 여름, 유대인과 결혼해 이스라엘에서 살고 있는 한국인 지인 하나가 사업차 한국을 방문하는 유대인 두 분의 통역을 위해 한국에 왔다. 유대인들이 '코셰르'를 철저히 지키기 때문에 이스라엘에서 가지고 온 깡통 음식 외에는 일절 먹지 않을 뿐 아니라 낮 동안에 사업 관계로 사람들을 만날 때도 물만 마셔서 동행하는 내내 자신도 굶었노라고 이야기했다. 그러면서 유대인 20% 정도가 '코셰르'를 지키는 것 같다고 덧붙였다. '코셰르'는 율법에 근거해 준비된 정결한 음식을 의미한다. 예를 들면 피를 뺀 고기, 육류와 유제품을 섞지 않은 것, 안식년을 지키는 밭에서 수확한 포도로 빚은 포도주 등이다. 이처럼 정통파 유대인들은 금식 규정을 지킨다. 그들은 '코셰르' 음식 또는 적절한 음식만 먹는다.

유대교처럼 이슬람도 음식에 관한 규정을 종교적으로 중요하게 여기고 일상의 삶을 성화하는 수단으로 삼는다. 무슬림은 돼지고기 및 이와 관계된 것을 섭취하지 못하고, 알코올이 들어간 음료를 마시지 못하며 육식동물과 같이 특정한 형태의 고기를 먹을 수 없다. 그리고 허용된 동물이라도 반드시 하느님의 이름으로 도축한다. 종교적 조건에 맞아야만 동물을 죽일 수 있다. 이러한 동물 희생 규정은 두말할 필요도 없이 인간과 동물의 상호 관계에 깊은 영향을 미친다. 이슬람적 관점에서 인간의 위대성은 인간 그 자체가 아니라 하느님에 대한 순종에 있고 인간은 하느님과 하느님의 뜻에 얼마나 잘 따랐는지 늘 평가받는다. 인간은 언제나 하느님의 창조물에 대한 책임감을 지고 있다는 것을 깨달은 상태에서만 하느님의 대리자로 역할을 할 수 있다(샤르마 외,『우리 인간의 종교들』, 764, 795, 799쪽).

그러나 그리스도교는 정결례를 지키지 않는다. 모든 음식을 다 먹는다. 그것은 신약성서에 보면 베드로에게 하느님의 사자가 나타나 구약성서에서 규정한 부정한 음식이라 할지라도 하느님이 깨끗하게 한 것이라면 먹어도 좋다고 말했기 때문이다(사도행전 10장).

이스라엘에 가면 안식일이 세 종교가 다 다르다. 이슬람은 금요일, 유대교는 토요일, 그리스도교는 일요일이 안식일이다.

꾸란 62장 주므아 62:9에서는 다음과 같이 언급하고 있다. "믿는 사람들이여! 금요일 예배의 아잔이 들릴 때면 서둘러 하느님을 염원하고 서래를 중단하라. 너희가 알고 있다면 그것이 너희를 위해 복이 되리라." 이처럼 제62장의 주므아는 '모이는 것 또는 금요 예배'를 의미한다. 꾸란에 따르면, 금요일은 기도하기 위해 '모이는 날', 곧 야움 알 줌마이다.

하지만 이날은 그리스도교의 일요일이나 유대교의 안식일처럼 거룩하게 쉬는 날이 아니다. 무슬림들은 신이 세상을 창조하면서 일곱째 날에 쉬었다고 생각하지 않는다. 그것은 알라가 전능하여 쉴 필요가 없기 때문이다. 많은 이슬람 국가에서는 이와 상관없이 금요일에는 쉬며, 학교, 관청 그리고 일부 상점들이 문을 닫는다(바이스, 『이슬람교: 한눈에 보는 이슬람교의 세계』, 60쪽).

신약성서에서 보면 예수의 제자들이 안식일에 밀 이삭을 잘라 먹는 사건, 예수가 안식일에 병자를 고친 사건 등으로 바리사이들과 예수 집단 사이에 갈등이 생긴다. 바리사이들의 항의에 예수는 "안식일이 사람을 위하여 있는 것이지, 사람이 안식일을 위하여 있는 것은 아니다"는 폭탄선언을 한다. 예수의 제자들의 행위나 예수의 폭탄선언 등은 바리사이들에게는 도저히 용납할 수 없는 도발적인 행위로 그들은 밖으로 나가 예수를 없앨 의논을 한다(마가 2:23-28, 3:1-6). 안식일 준수가 유대인들에게 그만큼 중요했기 때문이다. 규정을 제대로 지키지 않는 사람을 사형에 처할 수도 있을 만큼 안식일은 유대인들에게 거룩한 날이었다.

안식일은 '야훼는 이스라엘의 하느님이 되고 이스라엘은 야훼의 백성이 된다'는 이 계약을 맺어 준 하느님이 지정한 날로, 이스라엘 사람들에게는 다른 날들과는 본질적으로 다른 거룩한 날이다. 안식일을 지키는 것은 계약의 준수 여부로 이어지고, 그것은 또 하느님과의 관계와 직결된다는 것이다. 그리하여 안식일 준수가 십계명 가운데 하나로 자리를 잡는다. "안식일을 기억하여 거룩하게 지켜라"(출애 20:8; 신명 5:12).

안식일은 모든 사람 그리고 짐승까지 지켜야 한다. "너희 하느님 야훼 앞에서 쉬어라. 그날 너희는 어떤 생업에도 종사하지 못한다. 너희와 너희 아들딸, 남종과 여종뿐 아니라 소와 나귀와 그 밖의 모든 가축과 집안에 머무는 식객이라도 일을 하지 못한다"(신명 5:14). 이렇게 모든 사람과 집짐승에게 공평한 휴식의 날은 이스라엘인들의 쓰라린 체험에 근거한다. 이집트에서 종살이하면서 제대로 쉬지도 못했던 이스라엘인들에게 하느님은 해방과 안식을 마련해 준다(신명 5:15). 안식일을 거룩히 지켜야 하는 또 다른 이유는 하느님이 엿새 동안 하늘과 땅과 바다와 그 안에 있는 모든 것을 만들고 이렛날에는 쉬었기 때문이다(탈출 20:11. 그리고 창세 2:2-3). 이러한 연유로 안식일은 단순히 일하지 않는 날이 아니라, 안식일을 지킴은 자기를 창조하신 하느님을, 이스라엘 민족을 이집트 종살이에서 해방시켜 준 하느님을 기억하는 것이고, 또 하느님이 베푸는 기쁨과 구원에 동참하는 것이다(이사 56:2; 58:13-14; 예레 17:19-27).

기원전 6세기 말에 유대왕국이 멸망하고 많은 사람이 유배를 가게 되면서 안식일은 유대인들의 삶에서 더욱 핵심적인 위치를 차지하게 된다. 이스라엘 사람들은 종교의 중심인 제사를 거행하는 성전이 없이, 이국땅에서는 다른 나라 사람들 사이에서, 본토에서는 다른 종교들 사이에서 안식일 준수가 야훼 하느님에 대한 신앙을 고백하는 행위가 되고 그 신앙을 드러내는 '징표'가 되는 것이다(출애 31:13; 에제 20:12). 이렇게 안식일이 더욱 중시되면서 안식일 규정은 점점 더 엄격해진다. 본디 휴식과 기쁨의 날인 안식일이, 곧 하느님을 위하여 거룩히 지내는 날이 이렇게 일종의 금령의 날이 된다(임승필(요셉), 『경향잡지』, 2001년 1월호).

안식일이 시작되는 금요일 일몰 시간부터 토요일 일몰 시간까지 이스라엘에서 모든 대중교통은 올 스톱된다. 그 이유는 토요일은 유대인의 율법이 정한 '샤밧', 즉 휴일이기 때문이다. 이들은 그 어떤 일이 있어도 율법이 정한 안식일에는 노동으로 간주되는 어떠한 일도 하는 법이 없다. 이들은 토요일에는 사무실에 나가지 않는다. 그 대신 쉬거나 경배하거나 토라를 공부하거나 놀면서 그날을 봉헌한다. 안식일에 책을 보는 것은 허락되어도 펜으로 뭔가를 쓸 수는 없다. 그래서 학교에 다니는 학생들은 금요일 오후만 되면 바쁘다. 안식일 날 숙제를 할 수 없으니 그 전날 모두 해 놓아야 하기 때문이다. 식사 중에 식탁보에 물이나 우유 같은 것을 흘리면 행주로 닦아 낼 수는 있지만 행주를 빨거나 세탁을 할 수는 없다. 안식일에는 전기로 사용하는 벨을 누를 수도 없다. 엘리베이터나 에스컬레이터도 사용하면 안 된다(김종철, 『이스라엘 : 평화가 사라져버린 5,000년 성서의 나라』, 195, 197쪽).

그러나 오늘날 개혁파 유대인은 경전에 있는 율법의 음식 규정을 지키지 않고, 안식일도 엄격하게 지키지 않는다. 성서는 돼지고기를 먹지 말라고 한다. 그러나 그들은 돼지고기를 먹는다. 후대에 경전을 해석한 바에 따르면 안식일에는 일을 해서도, 세속적 활동을 해서도 안 된다. 그러나 개혁파 유대인은 골프를 치러 가고, 영화를 보러 가고, 사무실에도 간다.

이처럼 유대인들이 토라를 시나이 산에서 하느님이 모세에게 계시한 것으로 공경하지만 분파*에 따라 공경의 정도는 다르다. 그리고 중요한 몇몇 문제에 대한 의견도 다르다. 그래서 유대교를 그 시작부터 지금까지 하나의 연속하는 역사 안에서 활약했던 단일 종교로, 형식적 통일성을 지닌 종교로 정의하는 것은 불가능하다. 오늘날 세계에는 여러 유대교 분파가 존재하고, 과거의 증언들도 역시 유대교가 다양했음을 말해 준다(샤르마 외, 『우리 인간의 종교들』, 533쪽).

그리스도교에서 안식일은 어떤 의미인가? 예수가 안식일을 거부한 것이 아니다. 안식일은 하느님을 위한 날이다. 그런데 하느님을 위함은 이웃을 위함으로 구체화된다. 그래서 안식일 역시 단순히 무엇을 하지 않는 날이 아니라, 이웃 사랑을 실천하는 날, 이웃의 선과 생명에 도움을 주는 날이라는 것이다(마가 3, 4; 임승필(요셉), 『경향잡지』, 2001년 1월호).

그리스도교의 초대교회는 처음에는 안식일을 지키면서 유대교 회당에 모였다(사도 13:14; 18:4 등). 그리스도인들이 안식일 규정을 떠나 '예수 부활의 날'을 예배일로 정하게 된 때는 아마도 2세기에 와서

---

* 현재 대표적으로 최소한 네 개의 조직화된 유대교 분파가 있다. 정통파(Orthodox), 개혁파(Reform), 보수파(Coservative) 그리고 재건파(Reconstructionist)이다. 정통파는 문자를 그대로 믿는다. 이들은 하느님께서 쓰신 토라(그리스도교의 구약성서)와 구전된 토라(기원후 70년 이후에 쓰인 전승으로서, 제2성전 파괴 이후 사제를 대체하는 랍비들이 주축이 되어 정리했다)를 주셨음을 믿고, 율법은 하느님이 주신 법이라고 믿는다. 개혁파 유대교는 변화를 강조한다. 이들은 '토라'를 영원하신 분께서, 역사적 상황에 임하셔서 인간의 언어로 말씀해 주신 것으로 믿는다. 따라서 역사적 상황이 바뀌면 새로운 역사적 조건에 올바로 응답하기 위해 변화가 있을 수 있음을 믿는다. 결국 이들은 더 이상 효력이 없다는 이유를 들어 토라 원본의 상당한 부분을 폐기했다. 재건파는 유대인의 역사적이고 종교적인 맥락에서 믿음을 이해하고 하느님의 정체성을 초자연적으로 보지 않고 자연적으로(naturalist) 본다. 이상에서 볼 수 있듯, 현대의 유대교는 토라가 하느님에게서 영감 받은 절대적 책이라는 고전적 개념에서 점차 멀어지고 있다(샤르마 외, 『우리 인간의 종교들』, 514~515쪽).

야 완전히 안식일과 결별을 고하고 주간 첫날, 곧 주일만을 특별한 예배일로 지냈을 것으로 추측한다. 이러한 변화는 그리스도교 신앙의 근본인 '예수 그리스도의 부활 체험'에 있다. 안식일의 의미를 내포하는 주일은 안식일이 갖는 사회적·인간적·종교적 이유를 그대로 유지하면서도 여기서 한 걸음 더 나아가 '예수의 부활'과 이를 통한 '구원과 해방'이라는 새로운 신학적 의미를 더 갖게 되는 것이다. 다시 말하면 그리스도교의 주일은 유대교 안에서 준수되고 있는 안식일 규정에 그 기원을 두고 있다. 거기에 신약성경이 전하는 안식일의 신학적 의미들 또한 내포하고 있다. 따라서 유대교 안식일 다음 날, 예수가 부활한 날을 안식일로 지킨다(정장표(레오), 『경향잡지』, 2011년 7월호).

종말론을 보면 그리스도교, 유대교, 이슬람교는 오로지 한 분뿐이신 세상의 주님, 하느님을 믿는 유일신 신앙을 공유한다. 이 세 종교 전통이 믿는 하느님은 우주의 창조주로 세상 모든 것의 주님이시고, 이 세상을 초월하시면서도 내재하시는 분이다. 전지전능하시고 어디에나 계시는 그분은 인간이 이 세상에서 올바르게 살았는지를 사후 심판하시고, 세상의 종말에 최후의 심판을 내리시는 심판관이기도 하다. 죽음은 끝이 아니다. 인간의 육신은 부활하며, 이분에 대한 철저한 신앙을 지니고 산 이들은 사후 천국에서 복락을 누린다. 이렇듯 이들 세 종교는 서로 한 치 어긋남 없이 동일한 유일신 신앙을 견지하지만, 예수 그리스도에 대한 생각에서 서로 다른 길을 걷는다. 유대교는 메시아가 아직 이 세상에 오지 않았다고 믿는다. 예수 탄생 이전 유대인들은 이스라엘을 구원할 메시아가 미가서의 예언대로 베들레헴에서 다윗의 후손으로 태어날 것이라는 믿음을 가졌다. 그리스도인들은 바로 예수를 유대인들이 기다리던 메시아요, 더 나아가 하느님께서 인간의 몸을 빌려 이 세상에 오신 주님으로 고백한다. 그리스도인들은 유대교, 이슬람교에서 고백하는 하느님이 바로 다름 아닌 역사적으로 이 땅에서 살다 십자가에 못 박혀 돌아가시고 묻히셨다가 부활하신 예수라고 믿는 것이다.

이슬람은 헤아릴 수 없는 차원에서 하느님의 자비가 항상 펼쳐지지만, 사람은 사후에 살아생전 지닌 신앙과 행동에 맞는 상태에 처한다고 가르친다. 꾸란과 하디스는 천국과 지옥을 생생하게 묘사하며, 전통적인 주석서가 더 자세히 설명하는 일시적 정죄 단계 또는 중간 단계에 대해서도 말한다. 이슬람은 인류와 우주의 역사에 시작과 끝이 있다고 본다. 인간 역사의 종말 시기에 마흐디라고 부르는 사람이 등장하여 신앙의 적을 무찌르고 이 땅에 평화와 정의를 곧추세울 것이라고 한다. 수니들은 마흐디가 예언자가 속했던 부족 출신으로 그 이름이 무함마드라고 믿는다. 반면 시아들은 그가 열두 번째 이맘인 무함마둘 마흐디라고 한다. 아무튼 두 전통은 모두 마흐디가 통치한 이후 하느님만이 아는 어느 정도의 시간이 지나서 그리스도가 예루살렘에 재림할 것이라고 믿는다. 그리스도의 재림으로 인류의 역사는 끝을 맞이하고 최후의 심판일이 온다. 그리스도는 그리스도인들만의 그리스도가 아니다. 그리스도는 아브라함으로부터 시작하는 예언자 전통의 주요 인물로 이슬람 종말론에서 중심적 역할을 차지한다(샤르마 외, 『우리 인간의 종교들』, 800쪽).

　이슬람 전승에 의하면 최후의 심판 날 모든 인간의 행위는 하느님의 권능으로 낱낱이 저울질된다. 그것을 재는 저울은 엄청나게 세밀해서 겨자씨만 한 무게까지도 잴 수가 있다. 하느님의 유일성을 믿는 사람들은 죗값을 치른 연후 지옥의 불길에서 구출될 것이다. 그러므로 하느님의 유일성을 믿는 사람 중에서 지옥에 남게 되는 사람은 결국 아무도 없게 될 것이다. 변호해 줄 사람이 아무도 없는 죄인은 순전히 하느님의 은총에 힘입어 지옥으로부터 구원될 것이다. 단 한 톨의 믿음이라도 가슴에 지니고 있는 사람이면 누구나 지옥에서 구출될 것이다(쉼멜, 『이슬람의 이해』, 124, 125~126쪽)

　여기에서 주목할 것은 유대교는 유대인만 구원의 대상이며 그리스도교는 예수를 믿는 사람만 구원의 대상이 된다는 점이다. 그러나 이슬람교는 '하느님의 유일성에 대한 믿음을 한 톨이라도 가슴에 지니고 있는 사람은 하느님의 은총으로 구원받는다'고 한다. 결국 유일신 종교인 유대교, 그리스도교, 이슬람 모두 구원을 받는다는 의미다.

　유대인들이 기다리고 있는 메시아나 그리스도인들이 기다리는 재림의 그리스도, 그리고 무슬림들이 기다리는 그리스도, 즉 마흐디는 다를지언정 오늘날 기드론 계곡을 사이로 무슬림들과 그리스도인들 그리고 유대인들이 기다리는 메시아 재림의 장소는 같은 장소임을 볼 수 있다.

　에제키엘 예언서에 보면 성전에서 흘러내린 물이 성전 동쪽으로 흘러 사해로 들어가면 죽은 바다가 되살아나 온갖 생물이 우글거리는 메시아의 시대를 예고하고 있다.

　"이 강이 흘러 들어가는 곳이면 어디에서나 온갖 생물들이 번창하며 살 수 있다. 어디로 흘러 들어가든지 모든 물은 단물이 되기 때문에 고기가 득실거리게 된다. 이 강이 흘러 들어가는 곳은 어디에서나 생명이 넘친다"(에제 47:9). 그리고 바로 그 성전 밖, 동쪽으로 난 황금 문으로 이 세상을 심판하실 메시아가 온다(에제 44:1-3). 그러기 때문에 성전 동편과 올리브 산 사이에 있는 기드론 계곡은 요엘 예언서에서 말한 '여호사팟 골짜기에서 세상의 모든 민족들을 심판하는' 그곳이다. 여호사팟의 히브리어 어원은 '하느님께서 심판하신다'는 의미를 가지고 있는 것으로 세상 종말에 세상의 심판이 이루어질 골짜기를 가리키고 있다(요엘 4:1-2).

　이러한 이유로 현재 기드론 계곡을 사이로 성전 벽 쪽으로는 무슬림들의 무덤, 기드론 계곡의 중심으로 그리스도인들의 무덤, 그리고 기드론 계곡 건너 올리브 산 쪽으로는 유대인들의 공동묘지를 볼 수 있다. 이렇게 기드론 계곡을 중심으로 죽음의 장소를 함께 공유할 수 있는 것은 예루살렘을 두고 함께 공유하는 종말론에 기인한 것이다.

　지금까지는 세 종교의 공유하는 부분과 세 종교 간의 차이점을 살펴보았다. 이후로는 세 종교가 타 종교 문화와의 교섭 과정에서 어떻게 적응하고 전개되었는지를 살펴보도록 하겠다.

2. 유대교, 그리스도교, 이슬람교의 소통 가능성

서구 근대사회는 종교의 이름으로 행해진 비극적이고 폭력적인 중세 역사에 종지부를 찍기 위해 종교적 관용과 자유를 주요한 미덕으로 내세우게 되었다. 종교적 신념과 교리의 차이를 이유로 타자와 타 집단을 폭력의 희생물로 삼는 것을 더 이상 용납하지 않기로 합의한 것이다. 국가권력과 종교의 분리를 전제하는 이른바 정교분리 원칙은 이러한 신앙의 자유를 보장하기 위한 제도적 장치로 등장했다. 그리고 이러한 종교자유 및 정교분리 원칙을 인식론적 차원에서 지지하고 공고화하는 것이 바로 종교 다원주의적 사고이다.

그러나 종교적 다원성을 인정하면서 종교적인 삶을 살아가기란 그렇게 쉽지가 않은 것 같다. 종교적인 봉헌은 각자가 진리라고 믿는 것에 대한 절대적인 확신으로부터 출발한다. 따라서 특정 종교를 신봉하는 사람에게 있어 그가 믿는 종교는 절대적인 신념 체계로서 그의 전인적인 헌신을 요구하며, 동시에 그 신봉자는 그 종교에 절대성 혹은 우월성을 부여하고 그것을 강력히 주장하게 된다. 이때 종교 간의 갈등과 마찰이 일어날 가능성이 크다. 여기서 우리가 당면한 문제는 어떻게 하면 이러한 마찰과 갈등의 위험을 극복하고, 자기 종교의 절대성에 대한 확신을 상실하지 않으면서도 다른 종교의 존재와 가치를 겸허하게 인정하며 서로 공존할 수 있는가 하는 것이다.

그러면 세 종교 전통에서 다종교 문화 속에서 서로 소통하고 공존할 수 있는 가능성을 찾아보도록 하겠다. 앞에서도 살펴보았듯이 세 종교 중 이슬람은 처음부터 포용적 개방성을 가지고 있었다. 유대교와 그리스도교의 배타성은 오랫동안 이어져 왔다. 그러나 이 또한 시대적인 정황에 따라 적응과 변화를 가져오게 된다.

다종교 상황에 대한 유대교의 반응은 기원전 586년 바빌론 포로기까지 거슬러 올라간다. 유대교의 가장 중요한 사상가는 철학자이자 정치가인 알렉산드리아 필로 유데우스Philo Judaeus(기원전 20~기원후 50년)이다. 그는 대정신으로서의 하느님은 모든 인간적 한계를 초월한다고 보았다. 그에 따르면 다양한 종교들은 철학을 포함해서 하나의 신성하고 유일한 로고스가 지닌 여러 다양한 표상(현현)이다. 필로는 초대 그리스도교 교부들에게 많은 영향을 주었다. 중세기 후반에 카발라Kabala나 필로와 유사한 생각을 하고 있었다. 즉 신은 하나인데 다양하게 현현된다는 것이다. 마이모니데스Maimonides(1135~1204년)는 모세의 우상숭배 금지 계명에 기초해서 오직 유대교만이 신에 의해 계시된 신앙이요 참된 종교라고 주장한 반면, 예수와 무함마드가 그릇된 예언자이긴 하지만 그들의 행적은 신의 지혜의 일부이며 이교도에게도 높이 평가할 만한 측면이 있다는 것을 인정했다(Coward, *Pluralism: Challenge to World Religions*, pp.4~5).

모세 멘델스존Moses Mendelssohn(1729~1786년)은 그의 저서 『예루살렘』에서 타 종교, 특히 그리스도교 문화와의 공통분모를 찾았다. 그는 모든 종교는 이성을 통해 신에 의해 부여된 것과 동일한 진리를 공유하고 있다고 생각했다. 그는 이성의 활용과 양심의 자유는 종교 경험의 다원성을 요청한다고 생각했다(Mendelssohn, *Jerusalem*; Coward, *Pluralism: hallenge to World Religions*, pp.6~7).

세계 평화 운동가이며 사회참여를 통해 종교 간의 대화를 이끌고 있는, 미국에서 활동하는 존경받는 유대교 지도자 아브라함 요수아 헤셀Abraham Joshua Heschel은 "종교적 다양성은 하느님의 의지"라고 하면서 종교들이 '서로를 풍요롭게 하는 것'mutual enrichment의 가능성에 대해 이야기한다(Heschel, *Moral Grandeur and Spiritual Audacity*, pp.243, 254, Lubarsky, "Deep Religious Pluralism and Contemporary Jewish Thought", in Deep Religious Pluralism, p.112 재인용).

오늘날 영국의 유대교 지도자인 랍비 조너선 삭스Jonathan Sacks는 유대교의 유일신론은 "한 분 하느님을 믿는 것이지 한 종교, 한 문화, 한 진리를 믿는 것이 아니다. 아브라함의 하느님은 모든 인류의 하느님이지만 아브라함의 신앙은 모든 인류의 신앙이 아니다"라고 한다(Sacks, *The Dignity of Difference: How to Avoid the Clash of Civilizations*, p.55).

그리스도교에 대한 도전은 시대마다 다른 형태로 나타났다. 오리게네스Origen나 암브로시우스Ambrose와 같은 교부들은 당시 사회에서 주도적인 위치를 차지하고 있던 그리스-로마 종교의 진실성과 싸워야 했다. 이슬람이 등장하고 성공하자 그리스도교에서는 이슬람의 허위성을 폭로하는 수많은 저서가 산출되었다(Paden, *Religious World:*

The comparative Study of Religion, p.23). 그 밖에 토착민들의 생활과 신앙, 타 종교들을 긍정과 부정, 빛과 어둠의 대조적인 묘사를 통해 그리스도교의 절대성을 주장했다.

같은 맥락에서 현대 신학자 칼 바르트Karl Barth(1886~1968년)는 모든 종교를 은총에 의한 계시의 경험과 변증법적으로 분리시킴으로써 확대되어 가는 상대주의와 회의주의에 반격을 가하고 그리스도교를 신의 은총과 계시가 나타나는 유일한 종교라고 주장하고(카워드, 『다원주의와 세계종교』, 45쪽) 타 종교와 그리스도교의 관계를 빛과 흑암 속에 위치시켰다. 이러한 폐쇄적인 이분법적 배타성은 종종 타 종교에 대한 폭력성으로 이어질 수 있다는 문제점을 지니고 있으며 현대사회에서는 점차 그 설득력을 상실해 가고 있다. 또 이러한 비교 방법은 그리스도교의 절대성과 신앙을 방어하는 방법이 되기도 했으나, 오히려 정반대의 효과를 낳기도 했다. 이성을 인간의 최고 능력이자 최고 성취로 보는 합리주의의 등장은 그리스도교의 주장에 지속적으로 도전을 가했는데, 합리주의의 발전 과정에서 한 계기를 이루었던 이신론deism, 理神論은 과거 그리스도교가 타 종교인들에게 했던 방법을 그대로 그리스도교에 적용하기도 했다.

수 세기 동안 그리스도교의 주장은 예수의 유일성과 보편성에 근거해 왔다. 그것은 예수가 완전한 인간이면서 동시에 완전한 하느님이라는 의미에서 유일하다는 '신성과 인성의 합일'을 규정한 칼케톤 신조*에 근거한 것이다. 이 신조에 근거해서 교회는 스스로를 '완전한 사회' 또는 '하느님의 나라'와 동일시하고 스스로 모든 진리에서 완벽하다고 생각했다. 그래서 중세 그리스도교는 고립된 생활을 자랑스럽게 영위하고, 외부 세계에 대해 배타적인 태도를 고수하면서 다른 종교와 생산적이고 의미 있는 관계를 만들려고 하지 않았다(Coward, *Pluralism: hallenge to World Religions*, p.14). 이러한 폐쇄적 배타성은 오래도록 지속되었다.

그러나 18세기 중엽 서유럽을 중심으로 한 계몽주의의 출현은 유럽사회의 종교적 패러다임에도 근본적인 변화를 몰고 왔다. 인간의 이성에 대한 믿음 위에 합리성과 진보를 기치로 내세운 이 새로운 사조의 압력 앞에 유럽 대륙의 전통종교, 즉 그리스도교도 자신의 설득력을 입증하지 않으면 안 되는 상황에 놓이게 되었다. 예를 들어 교회의 분열된 현실이 개별 종파의 역사적 실체를 초월하는 하나의 형이상학적 실체로 '그리스도교'를 필요로 하듯, 이성은—그 신학적 근원이야 어디에 있든—개별적인 종교를 초월하는 하나의 형이상학적 실

---

* 칼케톤 신조는 아버지와 아들이 동일하다거나 관계가 있다면 그 동일성이나 관계가 어떤 성질의 것이냐 하는 데 대해 끈질긴 논전을 벌였던 아리우스와 아타나시우스 중에서, 아들에게는 시작이 있지만 하느님에게는 시작이 없다는 것으로 아들과 아버지를 구별했던 아리우스가 그리스도의 유일성 그리고 그의 하느님과의 동일성을 주장하던 아타나시우스파에게 패배함으로써 결정되었다. 예수를 종속적인 수육으로 보던 아리우스의 입장은 그리스도교로 하여금 다른 수육의 가능성에 대해 개방적 태도를 취하게 할 수 있었으나, 결국 아타나시우스의 견해가 득세함으로써 예수만을 유일한 수육으로 보는 닫힌 배타적 그리스도교가 태동하게 되었다는 점에서 아리우스와 아타나시우스 사이의 논쟁은 중요한 의미를 갖는다(카워드, 『다원주의와 세계종교』, 45~46쪽).

체 혹은 개념으로서 '종교'를 요구했다. 이러한 패러다임의 변화는 한 편으로는 유물론자들이 중심이 된 종교무용론을, 다른 한편으로는 '다양한 종교 전통에 대한 이해와 관용의 정신'을 낳았다. 계몽주의는 자연과학은 물론 인문사회과학 분야의 발전도 촉진시켰다. 특히 힌두교, 불교, 유교 등 유서 깊은 동양 종교의 경전 번역과 연구, 종교역사학, 문화인류학, 동양학, 사회학, 심리학 등의 발전과 더불어 여러 종교를 비교 연구하는 학자들이 나오게 되었다.

현대의 제2차 바티칸공의회에서 교황 요한 23세가 '쇄신과 적응' aggiornamento이라는 슬로건을 공포한 이후 로마 가톨릭교회는 변화를 겪게 되었다. 지구상의 다른 종교 전통들과 대화를 시작했고, '교회밖에는 구원이 없다'는 주장이 포기되었다. 또한 다른 종교의 가르침과 실천에도 하느님의 구원 의지가 잠재되어 있다는 점에서 다른 종교의 정신적 가치를 인정하게 되었다(Coward, *Pluralism: Challenge to World Religions*, pp.14~15). 이와 같은 새로운 변화에 따라 전통적인 그리스도교 교리는 변화를 겪게 된다.

오늘날의 그리스도교 신학자들은 역사적인 경험을 통해 칼케돈회의 이래 계속 고수해 온 그리스도교 교리의 전통적 배타성을 신중히 검토할 수밖에 없는 강한 압력을 받고 있다.

이미 근대 초기에 배타적 신학은 칸트와 슐라이어마허의 도전을 받았다. 칸트는 이성을 통해, 슐라이어마허는 절대 의존의 감정을 통해 그리스도를 인간 보편의 자리에 놓음으로써 종교 상대주의의 길을 열어 놓았다. 트뢸치는 끊임없는 발전 과정이라는 개념을 소개함으로써 그리스도교에 대한 상대주의적인 이해에 도움을 주었다(Coward, *Pluralism: Challenge to World Religions*, p.45) 그는 진화론적 관점에서 종교사를 완전을 지향하는 인류의 보편적 운동으로 이해했다. 그에 의하면, 각각의 종교는 신적인 원천으로부터 신적인 목표로 가기 위한 인간 정신의 투쟁이 각기 다른 문화를 통해 표출된 것으로 보았다(Coward, *Pluralism: Challenge to World Religions*, p.25)

개방적인 포괄주의의 대표적인 신학자로 가톨릭교회의 입장을 대변하는 칼 라너는 하느님의 보편적인 구원 의지를 존중하면서 그리스도의 배타성과 보편성을 긍정하려는 체계적인 노력을 한다. 그는 '익명의 그리스도인'이라는 이론에서 하느님의 보편적인 구원 의지와 구원을 위해 교회에 소속해야 할 필요성을 동시에 받아들인다. 라너는 그리스도인과 비그리스도인 그리고 그리스도교와 타 종교를 실질적으로 '그리스도교성'의 동일한 평면에 세운다(Rahner, "Transzendental Theologie, Sacramentum Mundi", pp.140~142, Moltman, *Was ist heute Theologie?*, p.78 재인용). 그러나 교회 소속성과 상이한 등급을 강조함으로써 그리스도교의 고유성을 보존하고자 한다. 결국 라너의 입장은 타 종교가 그리스도의 참된 보편적인 교회로 수렴되고 성취된다는 교회 중심주의적 관점이라고 말할 수 있다.

영국의 종교철학자이자 신학자인 존 힉John Hick은 다른 종교들에 접근하는 방법으로 오늘날 현대 서구 신학에서 지배적인 경향으로 나타나고 있는 그리스도 중심적인 접근과 상이한 신 중심적 모델을 제안한 대표적인 인물이다.

힉은 그리스도교의 전통적 교리의 내용 혹은 신앙의 내용은 신화의 껍질에 싸여 있기 때문에 그 껍질을 벗겨서, 그 속에서 참되고 본질적인 내용을 되찾아야 한다고 주장한다. 그는 그리스도교의 교리와 신앙의 내용은 철저히 하느님의 현실 속에서, 즉 인간의 하느님 경험, 곧 종교 체험 속에서 인식되고 확신된 것이어야 한다고 본다(김재진, 「종교 다원주의 속에서 선교 신학적 모형 교체를 위한 구상」, 15쪽). '신의 현실성'에 대한 종교 체험이나 신적 경험은 '자기를 내어 주는 사랑'Self-giving love의 경험이다. 즉 신의 현실성은 '자기를 내어 주는 사랑'의 종교 체험 혹은 그와 상응하는 종교 경험 속에서 인식된다. 그에 의하면, 그리스도교의 가장 주된 신앙 내용도 결국 '자기를 내어 주는 하느님의 사랑' 이외에 다른 것이 아니다. 힉은 중심에 있는 것은 지구가 아니라 태양이라는 것을 깨달았던 코페르니쿠스처럼 "우리는 신앙의 우주가 신을 중심으로 삼고 있는 것이지, 그리스도교나 다른 종교를 중심으로 삼고 있는 것이 아님을 깨달아야 한다. 신은 빛과 생명의 창조적 원천인 태양이며, 모든 종교는 그들 나름의 상이한 방식으로 그를 성찰한다"(Hick, "Whatever Path Nun Choose Is Mine", p.182, Coward, *Pluralism: Challenge to World Religions*, p. 29 재인용)고 말한다. 힉에 의하면, 신은 상이한 문명들에서 성찰되기 때문에 상이한 계시와 종교를 통해 현현되며, 비록 계시와 종교가 각기 다름에도 어디서나 하나의 신이 '인간 정신에 자신의 존재를 각인하면서' 활동하고 있음을 믿어야 한다는 것이다(Coward, *Pluralism: Challenge to World Religions*, p.29).

가톨릭 신학자인 폴 니터Paul Knitter는 힉의 뒤를 이어 다원주의적 종교신학을 전개시킨다. 그는 인간 구원과 관련하여 모든 종교의 공통된 과제는 사회적·경제적·정치적 억압으로부터의 해방과 핵전쟁의 위협에 대한 투쟁과 생태계의 위기를 극복하기 위한 실천적 참여라는 것이다.

그는 예수 그리스도가 이 땅에 살면서 보여 준 것은 자신의 위대함이 아니라 인간이 흉내 낼 수 없는 하느님의 사랑이요 구원 의지라고 본다. 하느님이 헤아릴 길 없는 사랑을 역사적 삶으로 증거한 계시자가 바로 예수 그리스도이며, 이러한 예수 그리스도는 그리스도인들에게는 참된 진리의 길이며 그를 통해 하느님께 나아갈 수 있다고 본다. 그러나 니터는 보편적인 사랑이신 하느님이 오직 예수를 통해서만 이 세상에 계시되었다고 볼 수 없다는 것이다. 따라서 니터는 그리스도인들이 그들의 참된 길인 예수 그리스도를 따라 예수 그리스도에서 하느님 중심으로, 그리고 하느님 나라 중심으로 궁극적 관심을 옮겨야 한다고 주장한다. 종교 해방신학을 말하는 니터는 참인간과 참평화 실현이 모든 종교의 핵심이며, 이 땅에 발 딛고 사는 모든 사람의 복지와 평화를 위해 인간다운 삶을 박탈당한 현실의 모순과 고통을 모든 종교가 함께 헤쳐 나가기 위해 모든 종교는 대화와 협력을 해야 한다고 본다. 그는 예수의 삶 역시 역사적 실천에 뿌리를 내리고 있다고 본다(유정원, 「폴 니터의 종교 신학」, 111~115쪽).

파니카R. Panikkar는 종교들 사이의 다양성의 중요성을 강조하면서 '범세계적' 일치운동을 주장한다. 그에 의하면, 종교적 차이는 생동적인 힘을 발휘하며, '근본적인 종교적 사실'에 대한 각각의 해석과 각각의 이름들은 '순수하게 초월적'인 것만도, 순수하게 내재적인 것만도 아닌 그 신비를 풍요하게 한다고 규정한다. 그는 모든 종교의 신비는 여러 종교들의 다양한 경험들과 신념들 '이상의 것이며' 동시에 그 안에 '그의 존재를 갖는다'고 말한다. 그는 궁극적 신비에 대해 "'실재'는 많은 이름을 갖고has 있는 것이 아니다. 이 실재는 많은 이름이고is, 각각의 이름은 각각 새로운 측면들이다"(니터, 『오직 예수 이름으로만?』, 249~250쪽)라고 언급하면서 다음과 같이 은유적으로 말한다.

"궁극적으로 각각의 종교와 각각의 인간은 실재의 무지개 위에 서서 무지개 전체를 통해 실재를 보기 때문에 그것을 하얀빛으로 파악한다. 하나의 지적인 추상으로서, 나는 외부로부터 당신이 녹색 위에 있다고 보고 당신은 내가 오렌지색 위에 있다고 본다. 우리가 서로를 볼 때에는 전체를 볼 수 없으므로 나는 당신을 녹색이라고 하고, 당신은 나를 오렌지색이라고 한다. 우리는 우리가 믿는 바 전체를 표현하려 하지는 않으나 서로 평가하고 판단한다. 그리고 나는 실상 샛노란색의 영성적 한계를 지니고 오렌지색에 있지만, 당신이 나의 색에 대해 물어보면 나는 '하얗다'고 대답한다"(Panikkar, *The Unknown Christ of Hinduism*, p.30, Coward, *Pluralism: Challenge to World Religions*, pp.41~42 재인용).

파니카는 영원하고 보편적인 로고스 혹은 그리스도가 나자렛 예수로 성육신했다는 것을 긍정한다. 즉 예수 안에 있는 그리스도의 구체성은 그의 보편성을 부정하지 않는다. 왜냐하면 그리스도의 실재는 그것의 독특성에 대한 개인적인 경험에서 드러나기 때문이다 (Panikkar, *The Unknown Christ of Hinduism*, p.21, Coward, *Pluralism: Challenge to World Religions*, p.42 재인용). 그러나 파니카는 이러한 성육신이 예수 안에서 유일하게, 궁극적으로, 최종적으로, 그리고 규범적으로 발생했다는 주장을 거부한다. 파니카에 의하면 "구원의 보편적 상징인 그리스도는 객관화될 수 없으며, 바로 그렇기 때문에 단순히 역사적 인물로 구체화될 수 없다. 이것은 구세주 그리스도가 단순히 나자렛 예수라는 역사적 인물로 한정될 수 없다는 것을 의미한다"(니터, 『오직 예수 이름으로만?』, 252~253쪽).

이처럼 파니카는 역사적 예수의 한계를 인정하지만, 그렇다고 해서 그의 필요성을 부정하려고 하지 않는다. 모든 종교에서의 특수한 구체적 중보자들의 필연적 역할을 인식하고 있는 파니카는 누구도 대화를 위해 예수를 극소화하거나, 예수의 주 되심에 대한 그리스도교의 중심적 확신을 간과함으로써 초점을 흐리게 할 권리는 없다고 경고한다. "무수한 형태로 주 되심을 나타낼 수 있는 이러한 '주'(그리스도)는 나에게 나자렛 예수와 불가분적으로 연결되면서 궁극적 형태를 갖추었다"는 것이다. 파니카의 서술에서 알 수 있듯이, 그는 예수가 그리스도의 궁극적 형태라는 점을 인식한다. 그러나 그는 여기서 분명하게 "그리스도인은 '예수가 그리스도'라고 믿고 있지만, 이 말은 곧 '그리스도가 예수'라는 것과 동일시되는 것은 아니다"(Panikkar, *Salvation in Christ: Concreteness and Universality. The Supername*, p.64; Panikkar, *The Trinty and the Religions Experience of*

Man, p.53, 니터, 『오직 예수 이름으로만?』, 254쪽 재인용)라고 설명한다. 그리스도인에게서 그는 오직 그리스도일 뿐이다. 그러나 이 그리스도는 역사적 존재인 나자렛 예수 안에 다 포함될 수 없다. 왜냐하면 오늘날 그리스도는 역동적으로 현존하고 있으며, 성령으로서 그리스도인들을 이끌고 있기 때문이다. 성령으로서의 아들은 오늘날 그리스도인들이 더 이상 배타적인 그리스도의 경험에 머물러 있지 않도록 한다. 성령은 그리스도인들을 자신과 자신의 교회, 자신의 종교를 뛰어넘어 신비에 대한 범세계적 경험을 인정하고 거기에 참여하도록 한다. 파니카에 따르면, 그리스도에 대한 유일한 참된 경험은 인간과 우주적 코이노니아Koinonia에 있다(Panikkar, *The Trinty and the Religions Experience of Man*, p.58, Coward, *Pluralism: Challenge to World Religions*, pp.43~44 재인용).

요컨대 파니카에게 그리스도는 역사적 예수에 갇힌 존재가 아니라 우주적 차원을 지닌 '우주적 그리스도'cosmic Christ로 나타나고 있다. 파니카의 생각을 잘 드러내 주는 그의 말은 "신은 나의 자아와 내 이웃의 자아가 일치하는 유일한 장소이다. 따라서 신은 내 이웃이 자기 자신을 사랑하는 것처럼 내가 그를 사랑할 수 있게 해 주는, 그것도 그의 현재 있는 모습 그대로를 사랑하도록 해 주는 유일한 장소이다. …… 바로 이와 같은 이유 때문에 이웃을 사랑하지 않는다면 나는 신을 사랑할 수 없다. 신은 나를 이웃과 접촉하게 해 주는 내 '자아'의 초월자이기 때문이다"(파니카, 『종교 간의 대화』, 53쪽)라는 내용이다.

신학자이며 종교학자인 윌프레드 캔트웰 스미스Wilfred Cantwell

Smith는 세계의 종교 경험이 종교 다원주의의 경험이라는 새로운 국면에 접어들고 있음을 인식하고 "'하나의 세계'가 된 지구촌에서 특정 종교 문화만을 고집한다는 것은 비현실적이고 편협한 우리 자신의 안목에 집착한 결과라는 사실을 깨달아야 한다"고 지적한다. "앞으로 인간의 종교적인 삶은, 인간이 참으로 종교적인 삶을 살려고 한다면 다른 종교와의 공존을 인정하는 종교적 다원성 안에서 영위될 것"이며, "자신의 종교가 아닌 다른 종교 전통에도 어느 면에서 참여하도록 요구받고 있다"(스미스, 『지구촌의 신앙』, 17, 141쪽)고 지적한다. 그는 하나의 종교 전통 속에 고립된 채 신학을 건설하는 것은 더 이상 적절하지 않다고 본다. 그는 그리스도의 계시에는 도덕적인 함축뿐만 아니라 개념적인 함축도 있다고 지적하면서, 도덕적인 차원에서 보면 그리스도를 통해 이루어진 하느님의 계시는 화해와 깊은 공동체적 감각을 요청한다(Coward, *Pluralism: Challenge to World Religions*, p.31)고 말한다. 스미스는 그리스도교적 관점에서는 배타주의적 논리가 받아들여질 수 없다고 강조한다. 그는 배타주의자들의 그리스도론이 그리스도교적 자비를 해친다고 비난한다. 도덕적으로 그리스도적 명령은 형제애, 화합, 화해, 사랑이라고 말한다. "하느님은 예수 그리스도가 계시한 바로 그 하느님이기 때문에 구원받은 불자, 힌두교인, 무슬림 또는 그 누구든 구원받을 수 있다는 사실을 긍정한다"(스미스, 『지구촌의 신앙』, 132, 187쪽)고 말한다.

스미스의 입장은 철저히 신 중심적이다. 그러나 그것은 그리스도론을 통해 계시된 신에 근거하고 있다(Coward, *Pluralism: Challenge to World Religions*, p.32). 모든 종교는 결국 신에게 이르는 것을 목적으로 한다. 그리스도인으로서의 스미스는 이렇게 말한다. "만일 스스로를 우리에게 계시한 그리스도로서의 하느님을 알고 있는 우리가 사는 세계를 정당화하려면, 종교에 대한 이해가 요구된다"(Smith, *The Meaning and End of Religion*, p.20; Coward, *Pluralism: Challenge to World Religions*, p.32). 그것이 그리스도교이건 이슬람교이건 불교이건 힌두교이건 다른 어떤 종교이건 간에 모든 종교는 생동하고 변화하는 신과 인간의 만남으로서 이해되어야 한다는 것이다. 하느님과 세계와 우리 자신에 대한 지식에 이르게 되는 것은 신학자의 고립된 연구를 통해서가 아니라 인간과 인간 사이의 만남을 통해서이며, 우리가 우리 자신과 서로에 대한 참지식을 가지게 되는 것은 오로지 하나의 공동체적 자의식을 성취함으로써만 가능하다는 것이다(Coward, *Pluralism: Challenge to World Religions*, p.33). 이처럼 스미스는 타 종교와의 대화를 강조하는 '종교신학'theology of religion과 인류의 평화로운 세계 공동체를 지향하는 '세계신학'world theology을 전개하고 있다.

그리스도교인들은 성서를 현존하는 그리스도의 말씀이라고 믿고, 예수 정신에 가깝게 다가가기 위해 예수가 보인 행적과 말씀의 본래 의미가 무엇인지를 끊임없이 해석하고 고민한다. 그리고 예수 사건이 2000년 전의 사건으로 머물지 않고 역사적인 정황 속에서 항상 새롭게 해석되고 이해되도록 노력한다.

마찬가지로 이슬람 제국의 팽창과 더불어 무슬림들은 새로이 정복된 지역에서 수많은 문화적·정치적·종교적 전통에 노출되었고, 이는 학자들에게 많은 과제를 안겨 주었다. 단순하고 명확한 꾸란과 하디스의 명제들을 철학적으로 설득력 있는 교리의 틀 속에 담는 작업이 요구되었던 것이다(쉼멜, 『이슬람의 이해』, 116쪽).

무슬림들이 안달루스라 불렀던 스페인 지역에서 움마이야조의 왕자였던 압두르 라흐만 1세가 756년 스페인 움마이야조를 건설했다. 수도 코르도바는 유럽에서 가장 크고 국제적인 도시가 되었다. 2세기 반 동안 스페인은 모든 분야에 걸쳐 믿을 수 없을 정도로 대단한 문화적 업적을 이루었고, 무슬림·유대인·그리스도인들이 인류사에서 찾아보기 어려울 정도로 평화롭게 살아가는 사회적 환경을 조성했다. 이슬람 문화뿐 아니라 유대 문화도 꽃을 피웠다. 마이모니데스를 비롯해서 많은 유대 사상가들이 아랍어로 쓴 수많은 작품에서 볼 수 있듯 유대 문화는 이슬람 문화와 밀접한 관계를 유지했다. 스페인은 또한 이슬람 과학, 철학, 예술 등을 서구 그리스도교 세계로 전하여 훗날 유럽사에 심대한 영향을 끼친 핵심 지역인데, 특별히 톨레도가 이러한 지식 전수에 중심 역할을 했다(샤르마 외, 『우리 인간의 종교들』, 840쪽).

초기 무슬림들이 힘을 겨루지 않으면 안 되었던 지적 분야 중 하나는 철학이었다. 첫 단계에서 그들은 그리스의 철학적 사상을 이슬람의 교리와 논리적으로 연계시키거나, 아니면 적어도 조화를 시키려 노력했다. 이 분야에 첫발을 내디딘 것은 무타질라파였다. 이 신학적인 운동과 '아랍인의 철학자'라고 불리는 알-킨디(870년 사망)는 엄정한 과학의 대표자였으며 이성의 세계를 강조한 최초의 인물이다. 인간의 자유와 불멸성은 바로 이 이성의 세계에서만 구해야 한다는 것이었다. 더 나아가 그는 인간의 개인 영혼이 우주적 영혼으로부터 나오며, 이는 다시 신적 원리로부터 나온다는 신플라톤주의의 유출교의를 수용했다.

초기 이슬람 철학의 특징은 플라톤과 아리스토텔레스 사이에 근본적 차이가 없다는 믿음이었다. 이러한 견해는 최초의 아리스토텔레스 주석가로서 명성이 높은 중앙아시아 출신 알-파라비(950년 알레포에서 사망)의 글 속에 분명히 표현되었다. 알-파라비와 그의 후계자들은 철학과 이슬람의 계시가 하나라고 주장했으며, 이 세계는 하느님이 사고를 통해 창조했다고 가르쳤다. 후기에 카르마트파는 자기 종파에 입문해서 단계적으로 수양하면 신성한 진리를 꿰뚫어 보는 경지에 오를 수 있다고 믿었다. 그들은 이슬람의 기본적인 가르침에다 신플라톤주의적이며 영지주의적인 사상들을 섞어 인간 존재의 진화에 대해 가르쳤다. 그에 따르면 인간은 세계영혼을 통과해 우주 지선으로부터 인간 이성으로 내려온 소우주이며 '어두운 빛'으로 인식되었다. 사후의 생, 즉 인간이 자연과 변화무쌍한 이 세상으로부터 마침내 자유롭게 될 때, 저승에서 맞게 되는 삶은 지상에서 그가 한 행위로 결정될 것이며 선한 자는 순수한 영역에서 살게 될 것이라고 했다(쉼멜, 『이슬람의 이해』, 128, 138쪽).

또한 중세 이슬람 사회에서는 자연과학과 의학이 중요한 위치를 점하고 있었다. 이 시기에 무슬림들이 이룬 과학적인 업적은 실로 괄목할 만한 것이었다. 그들은 자신의 손에 들어온 그리스의 유산을 번역하고 재구성하고 또 확장했을 뿐만 아니라 실로 이 과정을 통해 근대적인 정밀과학의 초석을 놓았다. 아비센나의 의학서는 수 세기 동안 유럽에서 사용되었다. 수많은 과학 용어는 당시 아랍-이슬람 문명이 남겨 준 유산이다. 별자리 이름들이나 수학 용어들(algebra, algorithm 등)뿐 아니라 0과 같은, 원래 인도에서 발견되었으나 무슬림들을 통해 서구에 전달된 아라비아 숫자가 이에 속한다. 이러한 수학적 도구가 없었다면 현대 수학은 발전할 수 없었을 것이다. 광학과 기하학도 이슬람의 유산에 속한다. 종유석 모양의 건축 구조물과 장식물 속에 반영된 예술적·기하학적 문양의 무한한 기교는 무슬림들이 대단히 복잡한 수학 문제도 해결할 수 있었음을 보여 주고 있다. 바로 이 과학적인 유산이 아랍인들에 의해 서구로 이식되었으며, 그것이 현대적 기술의 도움을 얻은 유럽의 과학자들로 하여금 중동 국가들을 훨씬 능가할 수 있도록 해 주었던 것이다(쉼멜, 『이슬람의 이해』, 130~131쪽).

나는 여기에서 이슬람의 신비주의 수피즘şūfism을 소개하고 싶다. 수피들에게는 종교와 종교 사이의 경계가 중요하지 않았다. 그들은 어떻게 하면 신에게 가까이 다가갈 수 있는가를 고심했고 신과의 완전한 합일을 추구했다. 수피와 동방 종교의 만남은 동방에 이슬람을 확산시킴과 동시에 이슬람 공동체에 신선한 바람을 넣어 주는 역할을 했다. 수피즘은 꾸란에 근거하고 있으면서 철학적인 면에서는 신플라톤주의와 영지주의, 조직 면에서는 그리스도교의 수도원 제도의 영향을 받았으며, 금욕적인 관행 등은 불교의 영향이라고 한다.

많은 무슬림들은 자기들 가운데에서 세속을 초월하여 알라에게 헌신하고 금욕적인 생활을 하는 사람이 나타나기를 고대했는데, 이런 분위기에서 마침내 이슬람 신비주의가 출현했다. 초기 신비주의자들은 이슬람이 시리아로 확산될 당시에 출현했다. 특히 신약성서의 영향을 받은 시리아의 초기 무슬림들이 알라를 좀 더 알기 위해서 생계를 위한 노동이나 구걸 행위를 하지 않고 끊임없이 알라의 이름과 기도를 낭송하며 방랑생활을 했다. 그들은 예수의 "내일을 걱정하지 마라. 내일 걱정은 내일에 할 것이다"(마태 6:34)와 같은 약속을 철저히 신봉하는 사람들이었다. 신비주의자라기보다는 오히려 금욕주의자였던 이들은 굶주림과 병, 그리고 세상 사람들로부터 받는 모욕에는 무관심했고, 자기들의 모든 것은 알라의 손에 달려 있다고 생각했다. 이라크의 학자이면서 금욕주의자였던 알-하산al-Hasan of Basra(728년 사망)은 생전에 성인으로 추대될 정도로 금욕적인 삶을 살았다.

수피(금욕주의자들이 입었던 양털로 된 누더기 옷을 입고 다니는 사람을 의미함)로 불릴 수 있는 사람들은 8세기가 돼서야 비로소 출현했다. 그들은 '악을 부추기는' 자신의 나프스nafs, 곧 저급한 영혼과 끊임없이 씨름했다. 예언 전승에 의하면 나프스와의 투쟁이야말로 하느님께 올리는 봉사 중에서 가장 위대한 지하드jihād, 진정한 성전聖戰이라고 했기 때문이다. 자신의 생각과 행위를 일일이, 그리고 끊임없이 통제하는 기술은 그 자체가 하나의 과학으로 연마되어 한 인간의 삶 전체를 하나의 완전한 '순수한 헌신'ikhlās으로 인도할 수 있다고 믿었다. 진실된 종교적 삶을 위해 가장 중요한 것 중의 하나는 하느님에 대한 절대적인 신뢰, 타와쿨tawakkul이었다.

초창기 수피들에게 그것은 여비도 식량도 없이 여행을 떠난다거나, 어떠한 의학적 도움도 구하지 않는다거나, 심지어 자신들에게 주어지지 않은 한 일체의 음식을 거절한다는 것을 의미했다. 후기의 수피들에게는 이렇게 과장된 형태로서가 아니라 윤리적이고 실천적인 측면에서 타와쿨이 중심적인 주제로 남았다.

초기 수피주의에 있어서 또 하나의 중심적인 주제는 파크르faqr, '가난'이었다. 수피들은 파크리 파흐리faqrī fakhrī, "나의 가난은 나의 자랑이다"라는 한 예언자의 말을 귀감으로 삼았다. 파크리는 우선 지상의 어떤 것에 대한 소유도 멀리하라고 요구했다. 비록 후기에는 많은 '빈자'(파키르faqīr, 데르비쉬dervish)들이 영향력 있는 지주로 변했고 초창기의 금욕적인 이상과는 정반대로 지배 계층과 결탁하기도 했지만 물질적인 가난은 오랫동안 수피들이 추구하는 이상으로 남았다. 타와쿨이 윤리적인 이상으로 내면화했듯이 가난도 내면화되었다. 이 세상의 부는 단지 며칠간 지속될 뿐이다. 이러한 이유에서 몇몇 수피들은 하느님께 감사하며 한 점의 후회도 없이 일순간에 자신의 모든 재산과 결별을 선언할 수 있는 부자의 정신적 수준이 자신의 가난을 꾸준히 참아 내는 가난한 사람의 그것과 같다고 주장했다. 그러나―비록 하느님으로부터 아무것도 얻지 못해도― 하느님께 감사하는 가난한 사람은 다른 모든 사람보다 더 월등하다. 왜냐하면 신비주의자들이 가야 할 여타의 길과 마찬가지로 감사의 행위에는 무언가 얻어서 감사하는 단계, 그것을 얻지 못해도 감사하는 단계, 그리고 감사할 수 있는 능력 자체를 감사하는 단계, 이렇게 세 개의 단계가 있기 때문이다. 파크르는 '모든 좋은 것을 포기하는' 의미로, 더 나아가서 '저승에 대한 모든 바람과 희망을 포기하는' 의미로 이해될 수 있다. 그렇게 되면 그것은 거의 파나fanā, 곧 '무화'無化 혹은 '절멸'絶滅과 같은 의미가 된다. 절대적인 가난 속에 있는 피조물은, 말하자면 그의 모든 것이 되어 주는 창조주의 영원한 풍요로움 속으로 사라지게 된다는 것이다.

수피들에게는 자신과의 끊임없는 투쟁 속에서 가난과 단식, 철야기도 또는 침묵뿐만 아니라, 지속적인 자기반성이 요구된다. 지상적인 재물에 대한 집착보다 더 나쁜 것은 거만, 자만 그리고 명예와 칭송에 대한 애착이라고 생각했다. 그러나 한편 칭찬이든 비난이든 다른 사람의 반응에 신경을 쓴다는 것은 그 수피가 아직 진정한 깨달음의 경지에 이르지 못했음을 의미한다고 보고 무엇보다도 '만족'rīdā, 즉 무엇이 주어지든 그것을 감사하는 마음으로 수용하는 것이 중요하다고 보는 견해도 있었다. 8세기 중엽 순수한 사랑의 신비주의가 등장한다. 사랑의 신비주의에 불을 댕긴 사람은 바로 바스라의 라비아 알-아다위야Rābi'a al-'Adawiyya(714?~801년)라는 여성이었다(쉼멜, 『이슬람의 이해』, 148~152쪽).

라비아는 한 가난한 집안에서 태어났다. 그녀는 어려서 도둑의 손아귀에 들어가 노예로 팔려 다니는 불운을 겪었다. 노예의 신분으로 성장했음에도 그녀는 워낙 경건하고 영민해 자유민이 될 수 있었다고 한다. 자유의 몸이 된 라비아는 은자의 길을 택해 황야에서 기거했다. 그러나 그녀는 얼마 후 바스라에 정착하게 되었다. 그녀의 일생은 하느님에 대한 사랑과 찬양으로 일관했다. 자연히 라비아의 주위에는 사람들이 모여들기 시작했다. 라비아가 그들에게 보여 준 모습은 궁극적 존재에 대한 절대적인 신뢰와 사랑, 바로 참된 구도자의 모습이었다. 후에 성자聖者로 불린 라비아에 대한 일화는 수없이 많다.

> 어느 날 그녀는 한 손에는 물동이를, 다른 손에는 횃불을 들고 바스라의 거리에 나타났다. 무슨 일이냐는 질문에 대해 그녀는 말했다. "사람들이 지옥에 대한 두려움이나 천국에 대한 희망 때문이 아니라, 오직 그분의 영원한 아름다움을 사모하여 기도하도록 지옥에는 물을 쏟아붓고 천국에는 불을 질러 그 두 개의 장막이 사라지도록 하려 하오." (쉼멜, 『이슬람의 이해』, 152쪽)

지옥에는 물을 쏟아붓고 천국에는 불을 질러 사람들이 지옥에 대한 두려움이나 천국에 대한 희망 때문이 아니라, 오직 그분을 향한 기도를 드리도록 하겠다는 이 절대적인 사랑을 노래한 또 다른 라비아의 기도문이 있다.

하느님!
당신이 저에게

이 세상의 좋은 것을 주고자 하신다면
그것은 모두 당신의 적들에게 주소서.

하느님!
당신이 저에게
저 세상의 좋은 것을 주고자 하신다면
그것은 모두 당신의 벗들에게 주소서.

저에게는 오직 당신,
당신 한 분이면 족하나이다.

하느님!
제가 만약 이 기도를
지옥에 대한 두려움 때문에
당신께 올린다면
저를 지옥의 불길로 태워버리소서.

제가 만약 이 기도를
천국에 가고픈 바람 때문에
당신께 올린다면
저를 그곳으로부터 영원히 격리시키소서.

허나 하느님!

제가 오직 당신을 사모하여

당신께 이 기도를 올린다면

당신의 영원한 아름다움을

저에게서 앗아가지 마시옵소서.

(김영경, 「라비아 알-아다위야」, 87쪽)

하느님에 대한 라비아의 사랑은 절대적인 것이었다. 그녀는 평생을 독신으로 지냈다. 하느님과의 영적 교감을 즐겼던 라비아의 가슴 속에는 하느님에 대한 사랑 외에는 그 어떠한 사랑도 둥지를 틀 수 없었다.

여기에서 강조하고 싶은 것은 신비주의 전통이 종교와 종교 사이의 경계를 뛰어넘는다는 것이다. '가난', '겸손', '인내', '감사', '나 없음'은 모든 종교 전통의 신비주의가 지향하는 내적 표현들이다. 많은 종교인으로부터 사랑을 받는 또 다른 사랑의 신비주의자인 젤라루딘 루미Jelaluddin Rumi(1207~1273년)의 시작詩作들은 우주적인 사랑, 신을 향한 완벽한 자기 비움을 노래하고 있다.

수피즘은 타 종교와의 진정한 만남의 길을 열어 주는 데 중요한 역할을 한 것으로 알려졌다. 특히 루미는 "길은 여럿이지만 목적은 하나다. 당신은 카바Kaaba로 가는 길이 여러 갈래라는 것을 모르느냐? …… 그래서 그 갈래마다 무수한 다양성이 있고, 그 갈래는 무한하다. 그러나 목적을 생각해 보면, 그것은 모두 하나의 화음이고 유일한 것이다"라고 말한다(Nasr, *Ṣūfi Essays*, p.149, Coward, *Pluralism: Challenge to World Religions*, p. 62 재인용).

스스로를 마지막이자 근원적 종교로 여기는 이슬람이 아브라함의 세계만을 포용하는 것은 아니다. 이슬람은 셈어족에 속하지 않은 페르시아, 인도 등지의 종교들에도 계시의 보편성이라는 원칙을 적용했다. 유일신성의 원칙을 따르거나 긍정하는 한, 고대 세계의 여러 철학과 사상 학파들을 꽤 쉽게 이슬람의 지적 체계 속으로 융합했다. 이 경우 외래 사상들을 옛 예언자들의 가르침의 자취로 여겼다. 꾸란 말씀처럼 모든 인류에게 유일신의 말씀을 전한 대가족의 일부로 생각한 것이다. 그 결과 이슬람의 지적 전통이 형성 발전하여 그리스–알렉산드리아 문화권에서 인도에 이르는 고대 세계의 수많은 지혜를 보존하는 역할을 했다(샤르마 외, 『우리 인간의 종교들』, 745~746쪽).

이처럼 세 종교의 소통 가능성을 살펴보았다. 나는 윌프레드 캔트웰 스미스의 지적처럼 인류 공동체 안에 공존하는 다양한 종교 체계가 인류의 일치에 장애요인이라기보다는 인간 문화의 풍요함을 드러내는 긍정적인 요소라고 본다.

3장

오늘날의 팔레스타인 문제를 어떻게 볼 것인가?

1. 유대인들의 시온주의 운동과 이민의 물결

크림 전쟁(1853~1856년) 직전에 팔레스타인 땅에는 50만 명 정도의
사람들이 살고 있었다. 대부분이 아랍어를 쓰는 사람들로 무슬림이
었지만 다양한 교파의 그리스도교와 유대인도 각각 6만 명과 2만 명
정도 있었다. 또한 오스만 제국의 병사와 관리 5만 명, 그리고 유럽인
1만 명도 있었다(파페, 『팔레스타인 현대사』, 37쪽). 그러나 19세기 유대
인들의 식민화를 목표로 하는 이민의 물결은 팔레스타인에 결정적인
변화를 가져온다. 이러한 이민의 물결은 프랑스에서 있었던 간첩 조작
사건인 드레퓌스Alfred Dreyfus 사건*을 계기로 일어난 시온주의 운동

---

* 드레퓌스 사건은 1894년 말 프랑스에서 발생했다. 프랑스군 참모본부의 유대인 장교였
  던 알프레드 드레퓌스는 독일군의 스파이 활동을 했다는 혐의로 기소되어 유죄 판결을
  받고 악마의 섬으로 종신 추방이 되었다. 1895년 7월 피카르 중령이 참모본부의 정보국
  장이 되었다. 이듬해 3월 그는 참모총장인 보아데프르에게 드레퓌스는 무죄이며, 에스테

에 의해서이다.

19세기 말 당시 오스트리아 신문의 파리 통신원이었던 테오도르

라지 소령이 범인이라고 보고한다. 6개월 후 피카르는 분쟁 지역인 튀니지로 전출된다. 1897년 6월 피카르는 상원의 부의장인 쇠레르케스트네르에게 재판의 전모와 드레퓌스의 무죄를 알린다. 같은 해 11월 정치가 클레망소는 사건의 재심을 요구하는 투쟁을 시작한다. 4주일 후에는 에밀 졸라도 드레퓌스 진영에 가담한다. 1898년 1월 "나는 고발한다"라는 졸라의 논설이 클레망소가 운영하는 신문에 실렸다. 이때 피카르는 체포된다. 군을 비방한 죄로 기소된 졸라는 일심과 항소심에서 모두 유죄 판결을 받았다. 1898년 8월 에스테라지가 횡령 혐의로 불명예제대를 했다. 그는 즉시 영국의 언론인에게 달려가 드레퓌스가 아닌 자신이 그 명세서를 작성한 장본인이며 그의 상관이자 전 방첩국장인 산데르 중령의 명령으로 드레퓌스의 필적을 조작했다고 폭로한다. 며칠 후 방첩국의 앙리 중령이 드레퓌스 비밀 문건 가운데 다른 몇 가지도 날조되었음을 고백하고 자살한다. 그때서야 고등법원은 드레퓌스 사건의 재심을 명령한다. 1899년 6월 고등법원은 드레퓌스에게 내려진 1894년의 유죄 판결이 무효임을 선언했다. 재심은 8월 렌에서 열렸다. '정상참작'이라는 이유로 금고 10년의 유죄 판결이 내려졌다. 일주일 후 대통령은 드레퓌스를 특별사면했다. 1903년 드레퓌스는 재심을 청구했다. 그의 탄원은 1906년 클레망소가 총리가될 때까지 기각되었다. 1906년 7월 고등법원은 렌의 선고를 무효화하고 드레퓌스에 대한 모든 고소를 취하했다. 특별 사면을 받은 지 9년, 무죄 선고를 받은 지 2년이 지난 1908년 말 알프레드 드레퓌스는 거리에서 공개적으로 공격을 받았다. 파리 법정은 가해자들에게 무죄를 선고함으로써 드레퓌스의 무죄 결성에 대한 '반대' 입상을 암시석으로 표현했다. 드레퓌스 사건은 두 가지 정치적 함의를 가지고 있었다. 첫째는 유대인에 대한 증오였고, 둘째는 공화정 자체, 즉 의회와 국가 기구에 대한 의혹이었다. 국민 대다수는 옳든 그르든 간에 국가가 여전히 유대인의 영향력과 유대계 은행의 권력 아래에 있다고 생각했다. 드레퓌스가 참모본부에 배속된 최초의 유대인이었고, 이런 상황은 당시의 조건에서는 단순한 혐오가 아니라 격렬한 분노와 경악을 불러일으킬 수 있었다. 의회는 노동자와 부르주아 계급의 각계각층에서 뽑은 600명의 대표로 구성되었는데, 1898년 드레퓌스 지지자는 단 두 명이었다. 그 중 한 명이 조레스였고, 그는 재선에 실패했다. 신문에 매일 실리는 클레망소의 사설이나 졸라의 파토스, 조레스의 연설이나 성직자와 귀족에 대한 대중의 증오도 드레퓌스에게 도움이 되지 못했다. 예기치 않게 의회의 정서를 드레퓌스에게 유리하도록 변화시킨 것은 1900년 파리 박람회였다. 박람회가 보이콧될지도 모른다는 두려움 때문이었다. 1년 전 만장일치로 재심을 기각했던 의회가 이제 3분의 2의 찬성으로 반드레퓌스적인 정부에 대한 불신임안을 통과시킨 것이다. 이렇게 이 사건은 끝이 났다(아렌트, 『전체주의의 기원 1』, 215~217, 220, 239, 241, 255, 261쪽).

헤르츨Theodor Herzl은 프랑스에서 있었던 간첩 조작사건인 드레퓌스 사건을 계기로 유럽에서 박해받는 유대인들을 위한 유일한 해법은 유럽을 떠나 시온, 즉 이스라엘 땅에서 새로운 생활을 꾸리는 것이라고 생각하고서 유대 민족운동에 앞장선다. 시온주의는 원래 유럽의 민족운동으로 시작되었으나, 지도자들이 민족 부흥의 전망을 팔레스타인 땅에서 실현하기로 결정하는 순간 식민주의 운동으로 바뀌었다 (파페, 『팔레스타인 현대사』, 68쪽).

그 당시 시온 운동은 반유대주의*에 대항하여 유대인이 발견할 수 있던 유일한 대답이었고, 자신들을 세계적 사건의 중심에 세웠던 적대감을 심각하게 고려한 유일한 이데올로기였다(아렌트, 『전체주의의 기원 1』, 263쪽).

---

* 한나 아렌트는 유럽에서 일어났던 정치적 반유대주의와 사회적 차별은 유대인이 하나의 분리된 집단이었다는 것과 유대인의 평등이 신장되었기 때문에 일어난 것이라고 본다. '유대인의 조건이 더욱 평등해질수록 유대인의 차이는 더욱 놀라워졌다. 지역에 따라서 차이는 있지만 중부 및 서부 유럽의 유대 민족은 재산과 경제적 부에서 포화 상태에 이르렀던 것이다. 유복한 사업가의 자손과 그보다 좀 덜했지만 은행가의 아들들은 아버지의 사업을 포기하고 몇 세대 전만 해도 불가능했던 자유 전문직이나 순수하게 지적인 직업을 선택했다. 국민국가가 그토록 두려워했던 유대계 지식인층의 탄생은 이제 놀랄 만한 속도로 진행되었다. 부유한 아버지를 둔 유대인들이 문화 영역으로 진입하는 현상은 특히 독일과 오스트리아에서 두드러졌는데, 이 나라에서는 신문, 출판, 음악, 연극과 같은 문화의 상당 부분이 유대인 사업이 되었다. 이러한 현상들을 대면하면서 발생하는 새로운 자각은 유대인에 대한 사회적 반감과 독특한 선망을 동시에 낳았다. 이 두 가지 반응이 결합하여 서구 유대인의 사회사를 결정지었다(아렌트, 『전체주의의 기원 1』, 157, 161~162쪽). 무엇보다 은행업을 통한 유대인들이 이룩한 부는 눈에 보이지 않는 사회를 움직이는 힘으로 작용하고 있을 거라는 의구심을 그 당시 사람들이 가지고 있었다는 점을 간과하면 안 된다.

헤르츨은 서유럽에서는 인기를 얻지 못했으나 동유럽에서는 열렬한 환영을 받았다. 그는 동료들의 도움으로 유대인 공동체의 폭넓은 청중이 이해할 수 있도록 새로운 민족 이데올로기를 개념화하고 명료화한다. 그리고 그는 동유럽의 대표자와 동료 200명과 함께 1897년 바젤Basel에서 1차, 1898년에는 2차 시온주의 대회Zionist Congress를 개최한다. 여기에서 "시온주의 운동은 이스라엘 땅Eretz Israel에 국제법에 의해 보장되는 유대인의 안식처를 창조하고자 한다"(바젤 강령Basel Programme)고 결의하고, 이런 목적을 위해 이스라엘 땅을 식민화하는 것이 불가피하다는 내용의 시온주의 강령Zionist Programme을 선포한다.

19세기 말을 향해 가면서 좀 더 현실적인 인물들이 시온주의 운동에서 주도권을 잡으면서 비록 수는 적었지만 식민화를 목표로 삼은 이민이 시작되었다. 현지인들은 새로운 이주자들을 위해 착취해야 할 하나의 상품이나 자산 또는 제거해야 할 장애물로 간주되었다.

제1차 세계대전까지만 해도 시온주의 운동의 본부가 베를린에 있었기 때문에 주동자들은 독일계 유대인이었다. 그중 한 명인 아르투어 루핀은 팔레스타인으로 옮겨 와 활동하면서 유대인 정착에 박차를 가했다. 루핀은 경제학자이자 사회학자로 독일에서 시온주의 운동을 이끌었다. 예루살렘에 특히 수가 많았던 정통파 유대인은 시온주의자들을 달갑게 여기지 않았다. 시온주의자들은 자신들만의 세속적이고 현대적인 도시인 텔아비브를 건설했다. 로트실드 남작의 도움을 받아 처음으로 식민 정착촌에 자리를 잡았던 열렬한 시온주의자 66명이 1907년 이 도시를 세웠다. 텔아비브는 시온주의 활동의 중심지가 되었다. 러시아에서 온 이민자들이 중심이 되었다. 영국의 점령과 더불어 토지를 매입하고 실업에 맞서 싸우는 노력이, 점증하는 유대인 이민자들을 위해 현지인들로부터 토지와 일자리를 빼앗으려는 식민 당국의 시도와 결합되었다. 20세기로 접어든 시온주의는 도시를 건설하고 식민 정착촌을 만들고 세금을 부과했을 뿐만 아니라 독자적인 통화 체계를 만들었는데, 이는 향후 몇 년 동안 유대인 자본의 흐름을 팔레스타인 땅의 시온주의 프로젝트로 돌려놓았다. 19세기가 끝나기 전에 팔레스타인에는 이미 외국 은행들이 있었지만, 현지에 본부를 둔 은행을 처음 개설한 것은 시온주의자들이었다. 시온주의자들은 또한 20세기 초에 신용협동조합을 설립했다(파페, 『팔레스타인 현대사』, 37, 69~70, 77, 94, 99~100쪽).

유럽 전역에 퍼져 갔던 반유대주의, 그 결과 시온주의 탄생과 팔레스타인 식민화의 진행과 더불어 또 하나의 중요한 변수로 영국의 이중 외교 정책을 살펴보아야 한다.

이스라엘과 팔레스타인 간의 분쟁은 기원전으로 거슬러 올라가는 오랜 역사적 갈등에 그 뿌리를 두고 있지만, 지금과 같은 원한 관계는 제1차 세계대전 중 유대인과 아랍인을 연합군 측에 끌어들이기 위해 영국이 취했던 이중외교정책에서 비롯된 것이다. 팔레스타인 지역은 유럽에서 아라비아반도에 이르는 관문으로 열강들의 이해관계가 첨예하게 대립되는 전략지였다. 영국과 프랑스 식민지 시대 이후 중동은 미국과 소련 간 정치 싸움의 대리 전쟁터가 되었고 강대국의 패권

다툼 지역이 되었다. 특히 중동의 석유는 오늘날 국제정치의 중요한 변수이며 미국과 유럽의 이해관계가 얽혀 있다(홍순남, 「이스라엘의 팔레스타인 침공, 어떻게 볼 것인가?」, 441쪽).

영국은 인도로 가는 통상로를 확보하고 아라비아반도에 진입하기 위해 이 지역을 전진기지로 삼고자 했다. 그 과정에서 영국은 팔레스타인과 관련한 세 가지 약속을 한다. 제1차 세계대전 중 오스만 터키 군대에 고전하던 영국은 아랍인들의 군사 협력을 끌어내기 위해 1915년 '후세인-맥마혼 서신'을 통해 전쟁 후 아랍 독립국가 건설을 지지한다고 약속한다. 이듬해 영국은 프랑스, 러시아와 '사이크스-피코 비밀협정'을 체결하여 팔레스타인 지역을 영국, 프랑스, 러시아가 공동 통치하기로 결정한다. 그 이듬해에는 유대인들과 거래한다. 외무장관 밸푸어는 '팔레스타인에서의 유대인 민족 건설'에 호의를 갖고 있다고 밝힌다. '밸푸어 선언'은 팔레스타인 땅에 유대 국가 건설이라는 유대인들의 시온주의에 불을 붙인다(홍미정, 「팔레스타인의 이해를 위하여」, 아미리 외, 『팔레스타인의 눈물』, 269쪽).

팔레스타인 지방 공동체의 지도자들은 일찍이 1880년대부터 유대인 이민이 야기할 위험과 불안정을 인식하고 있었지만, 팔레스타인 농촌 공동체에 시온주의가 미치는 영향은 제1차 세계대전 이후에야 감지된다. 농촌 사람들은 제1차 세계대전 이후에 시온주의자들이 토지 매입에 박차를 가한 뒤에야 자신들의 삶을 알아볼 수 없을 정도로 바꿔 놓는 사건들을 목격하게 되었다. 하심가는 전쟁이 끝나기도 전에 자신들이 속았음을 깨달았다. 하심가와 팔레스타인인들이 팔레스타인에 유대인의 고국을 세워 주겠다고 한 영국 정부의 약속을 알게 되기까지는 어느 정도의 시간이 걸렸다. 제1차 세계대전과 영국의 점령은 시온주의 운동을 지지하는 영국의 정책으로 귀결되었고, 팔레스타인의 정치적 미래는 현지 사람들이 논의에서 배제된 채 결정되었다(파페, 『팔레스타인 현대사』, 100, 113, 116쪽).

그러나 영국은 어떤 약속도 지키지 않았다. 처음부터 지킬 생각이 없었을 것이다. 1912년에 영국과 프랑스는 전쟁에서 승리할 경우 전리품을 어떻게 분배할 것인지에 관해 아직 논의하지 않은 상태였다. 마침내 전쟁이 끝났을 때, 프랑스와 영국은 아랍 중동 지역을 손에 넣으려는 계획을 실행하는 쪽으로 움직였다. 그러나 이미 1917년 11월 당시 영국군은 팔레스타인을 점령하고 있었다. 밸푸어 선언은 팔레스타인을 프랑스와 공동으로 지배하기로 한 이전의 계획을 수정하려는 영국의 시도의 일환이었다. 이 땅을 다른 누군가와 공유하려는 의사도 전혀 없었다. 사이크스-피코 협정은 이렇게 사라졌다. 1917년 12월 9일, 이집트에서 온 영국 파견군 최고사령관인 앨런비 장군은 예루살렘을 점령하고 적국 영토인 팔레스타인을 관리하기 위한 임시 정치기구를 세웠다. 1918년 9월에는 조용히 팔레스타인 북부를 손에 넣었고, 1919년에 프랑스령 시리아로부터 갈릴리 북부를 양도받자 오늘날 우리가 아는 팔레스타인과 이스라엘은 하나의 지정학적 단위이자 대영제국 중동 지역의 필수적인 부분이 되었다.

앨런비는 아랍 전문가들의 자문을 받아 팔레스타인에 새로운 정치체제를 세우기 위한 토대를 마련했다. 새로운 통치자들은 즉시 주민 80만 명을 종교에 따라 분류했다. 무슬림 65만 명, 그리스도교인 8만 명, 토착 유대인 밀레트와 시온주의 정착민을 포함한 유대인 6만 명 등이었다. 팔레스타인 사람들은 이미 자신들의 땅을 전쟁터로 삼기로 한 유럽이 결정한 대가를 톡톡히 치렀다. 무슬림 4만 명, 그리스도교인 1만여 명, 유대인 1000여 명이 폭정과 무기, 기근과 질병으로 목숨을 잃었다. 당시 '인구의 6%가 감소'했다고 한다.

영국 지배자들이 맞닥뜨린 주된 문제는 그들이 '팔레스타인 무슬림들'이라고 부르는 공동체에 엘리트들은 있지만 지도자는 말할 것도 없고 지도부도 전혀 없다는 사실이었다. 영국의 이슬람 전문가들은 이슬람 사회의 위계에서 가장 높은 자리를 차지하는 무프티를 재창조했다. 무프티는 경전과 종교적 지식에 기초해 판결을 내리는 이슬람 사제였다. 무프티의 판결은 삶의 범상한 측면과 중요한 측면 모두에 적용되었고, 개인의 행동뿐만 아니라 공동체의 행동에도 영향을 미쳤다. 당시 영국인들은 세속적인 민족운동이 바통을 이어받기 전까지 무프티를 이집트 최고의 종교 권위자로 간주했다. 그러나 무프티는 영국의 적으로 돌아선다.

농촌에서는 반봉건적이고 도시에서는 권위주의적이었던 팔레스타인 지도자들은 명사들의 정치라는 협소한 세계를 넘어설 수 없었다. 정치 엘리트들이 서로 격렬하게 싸우는 상황에서 이런 편협성은 마비와 정체를 의미했다. 이와 대조적으로 시온주의 지도부는 팔레스타인에 유대 국가를 세우기 위한 토대를 구축한다는 하나의 뚜렷한 목표를 향해 공동체를 결집시키는 데 집중했다. 1914년에 창설된 시온주의 교육부서는 이런 새로운 현실을 창조하기 위한 필수적인 도구였다. 우선은 대다수 어린이에게 모국어가 아닌 히브리어를 가르쳤다. 그리고 토착민과 새로운 이주자 모두의 마음과 머릿속에 이 땅의 역사에 관한 이야기를 중점적으로 가르쳤다. 세계 다른 곳에서는 의무교육이나 보통교육이 아직 도입되지 않았던 시기에 시온주의 공동체에서는 거의 모든 어린이가 학교에 다녔다(파페, 『팔레스타인 현대사』, 125~126, 137, 147~149쪽).

1928년에 유대인들이 통곡의 벽 지역을 확장하려는 움직임은 예루살렘의 가장 성스러운 장소인 알 악사 사원이 침해될 수 있다는 생각에 무슬림들의 항의에 직면하면서 예루살렘에서 긴장이 고조되었다. 결국 예루살렘에서 농촌과 다른 도시들로 분노가 확산되면서 소요가 걷잡을 수 없이 커져 갔다. 그것은 지도부가 계획한 결과가 아니었다. 농작물의 자본화와 유대인의 토지 매입을 비롯한 여러 이유로 농업적 기반을 상실하고 자기 땅에서 내몰린 팔레스타인인들이 자발적으로 나선 것이었다. 도시 주변부에서 근근이 생계를 유지하던 이런 농민 출신들은 그곳에서 난생처음으로 정치적인 행동에 참여했다. 그들의 비참한 처지가 시온주의의 잘못은 아니었지만, 시온주의가 예루살렘에서 하는 활동을 토지 매입이나 노동시장에서의 공격적인 차별주의 정책과 연결시키기는 어렵지 않았다.

1929년의 폭력 사태는 억제할 수 있는 수준을 넘어섰다. 영국 정부는 1930년에 조사위원회를 구성했다. 팔레스타인을 돌아본 위원들은 농민들의 생활 조건이 악화된 사실을 지적하고 팔레스타인의 많은 사람이 영국의 친시온주의 정책에 점점 더 불만을 품고 있다고 보고했다. 위원회는 1930년 밸푸어 선언을 위임통치 헌장에서 제외하고 유대인의 이주와 토지 매입을 제한할 것을 권고했다. 당시의 식민 장관인 시드니 웹은 이런 권고 내용을 정부 백서로 정리했다. 그러나 시온주의 지도부는 준군사 조직인 하가나를 조직하고 팔레스타인으로 향하는 이민과 내부의 유대인 지역의 확장을 가속화하는 것으로 폭력 사태에 대응하면서 영국 총리 램지를 설득해서 1930년 백서를 휴지 조각으로 만드는 데 성공했다. 유럽에서 나치즘과 파시즘이 부상함에 따라 더 많은 유대인이 팔레스타인으로 밀려왔고, 시온주의의 입장은 더욱 강경해졌다. 시온주의가 독립을 추구하게 된 주된 동기는 땅과 노동시장에 대해 가능한 한 많은 통제권을 가지려는 열망이었다. 거의 강박관념이라고 할 만한 주된 관심의 대상은 땅이었다. 1930년대 말에 이르기까지 유대인 기구의 토지 매입과 농업 식민지 건설이 전체 지출의 40%를 차지했고, 전체 투자의 약 75%가 이런 용도에 할당되었다.

식민 정책은 팔레스타인 농촌을 황폐하게 만들었다. 이 정책은 외부의 행위자들로 하여금 팔레스타인 마을들을 극한에 이르기까지 착취할 수 있게 해 주었다. 인구의 60%가 거주하는 팔레스타인 농촌이 폐허로 변한 것은 농업의 상업화와 시온주의 토지 매입 운동, 명사들의 탐욕이 파국적으로 뒤섞인 결과였다. 그러나 시온주의가 등장하지 않았더라도 농촌 마을의 빈곤화는 오직 농지개혁을 통해서만 막을 수 있었을 것이다. 시온주의 운동과 대토지 소유주 사이의 경제적 상호작용은 시온주의가 확대될 수 있는 하부구조를 제공했고, 시온주의의 확대만으로도 1948년에 원주민이 추방되는 결과를 낳았다. 영국의 위임통치 시기 동안 시온주의의 접근법은 대지주들로부터 토지를 매입하고 소작인들을 쫓아내는 것이었다. 위임통치기에 사유지의 20% 이상이 부재지주의 소유였다. 시온주의자들에게 가장 쉬운 방법은 명사 중 가장 민족의식이 없는 부재지주들로부터 토지를 매입하는 것이었다(파페, 『팔레스타인 현대사』, 152, 154~155, 157, 160~161쪽).

1936년에는 대규모 봉기가 일어났고 상당수의 여성을 포함한 반란에 참여한 젊은이들 대다수가 봉기 과정에서 목숨을 잃었다. 우월한 육군 및 공군과의 대결에서 살아남은 이들은 제2차 세계대전 이후 결성된 준군사 조직의 중추를 형성했다. 이 젊은이들은 시온주의와의 불가피한 충돌을 대비하는 팔레스타인의 운동에 제한적이지만 매우 중요한 군사력을 제공했다.

영국은 1939년 백서를 통해 팔레스타인의 민감한 반응에 대비하고자 했다. 백서는 밸푸어 선언을 철회한다는 1930년의 약속과 유대인의 이민 및 토지 매입을 제한할 것을 되풀이했다. 그러나 팔레스타인인과 아랍 세계를 향한 영국의 이런 태도는 이미 때늦은 처사였다. 팔레스타인 측은 정치인이든 반란자든 할 것 없이 영국이 통치 과정에서 이미 실제 의도를 드러냈다고 생각했다. 영국이 1936년 반란을 야만적으로 진압하는 행동이 아니더라도 민족주의 명사들은 이미 1916년 이래로 팔레스타인인에게 한 약속을 거듭해서 어겨 온 영국에 배신감을 느끼고 있었다. 반면 이 반란을 통해 등장한 시온주의 공동체는 과거보다 더 강해지고 단호해졌다. 유대 국가를 건설하기 위해서는 우선 민족 분리를 실행해야 한다고 생각한 시온주의 지도자들은 민족적 고려보다 직업적 고려를 우선시하는 소수 유대인을 격렬하게 비난했다. 그럼에도 1920년, 1929년, 1936년, 1948년 등등 유대인과 아랍 노동자들은 어깨를 나란히 하고 임금 투쟁이나 부당한 세금 인상, 대우 등 고용조건을 변화시키는 데 협력을 시도한다. 그러나 양쪽 민족 지도부, 특히 시온주의 지도부는 이런 협력에 격렬하게 반대하고 그것을 파괴했다. 그리고 결국 가난한 이들을, 민족이라는 대의로 어제의 친구들을 적으로 삼는 잇따른 폭력의 물결 속에 앞장서게 했다.

1937년에는 팔레스타인 노동조합의 지도자가 암살당하고 1947년에도 유대인 노동조합 지도자가 암살당했다. 두 사람 모두 민족의 연대를 계급적 각성에 종속시켰다는 이유로 살해당했다. 그러나 전체적으로 볼 때 팔레스타인 쪽보다는 시온주의 엘리트들이 협력을 향한 운동을 압살하는 데 더 열심이었다(파페,『팔레스타인 현대사』, 175~176, 185쪽).

그랬다. 아렌트의 말을 빌리면 민족주의와 '민족적 사명'이란 개념은 민족들의 가족으로서의 인류라는 개념을 위계질서를 가진 구조로 왜곡시킨다. 즉 역사와 조직의 차이는 자연적 기원에 기인하는 인간들 사이의 차이로 잘못 해석된다. 인간의 공통 기원을 부정하고 인류를 세운 공동의 목적을 부인하는 인종주의는 다른 민족들과 뚜렷이 구분되는 한 민족의 신적인 기원이라는 개념을 도입한다. 그로 인해 일시적이고 변화할 수 있는 인간 노력의 산물을 신적 영원과 무한성의 구름으로 가려 버린다(아렌트, 『전체주의의 기원 1』, 438쪽).

나치 참사를 계기로 이슈브의 지도적 외교관들은 미래의 유대 국가만이 이런 사람들을 위한 안식처이자 홀로코스트의 재발을 막는 완충제가 될 수 있다고 세계 여론에 호소했다. 또한 생존자의 대다수가 팔레스타인에 정착하기를 원한다는 인상만이라도 만들어 내기 위해 생존자들을 심각하게 설득했다. 그러나 결국 유럽에 남겨진 300만 유대인의 10%만이 팔레스타인에 정착했다(파페, 『팔레스타인 현대사』, 192쪽).

이스라엘과 팔레스타인 간의 영토 분쟁은 1947년 11월 29일 유엔에서 팔레스타인 분할안이 의결되면서 국제화되고 장기화되었다. 1947년 유엔은 총회 결의 181호로 팔레스타인 전 지역(2만 6323평방킬로미터)의 56.4%는 유대 국가에, 42.88%는 아랍 국가에, 예루살렘 국제 지구로는 0.65%를 할당했다. 이 결의는 1948년 10월 1일까지 유대 국가와 아랍 국가 건설 완료를 요구했다. 그 당시에 팔레스타인들은 전 지역 중 87.5%를 소유했던 반면 유대인들은 6.6%만을 소유하고 있었으며, 나머지 5.9%는 영국 위임통치청이 자국의 토지로 분류한 국유지였다. 당연히 팔레스타인인들은 유엔 분할안을 거부한 반면 유대인들은 이를 받아들여 1948년 전쟁이 발발했다(홍미정, 『팔레스타인 땅, 이스라엘 정착촌』, 24쪽). 전쟁 결과는 팔레스타인에게 참혹했다. 이스라엘은 전 팔레스타인 지역의 78%를 장악했으며, 나머지 22% 중 가자는 이집트, 웨스트 뱅크는 요르단의 통치 하에 1967년

6월 4일까지 놓이게 되었다(홍미정, 『팔레스타인 땅, 이스라엘 정착촌』, 25, 27쪽).

2. 1948년 팔레스타인의 대재앙 그리고 이스라엘의 독립

이스라엘 유대인들은 1948년을 '독립'의 순간으로 기념한다. 그러나 팔레스타인인들은 그들이 어디에 살든, 1948년을 나크바, 곧 '대재앙' 의 순간으로 애도한다.

1948년 5월 14일, 이스라엘 국가가 선포되었다. 다음 날 오전 1시에 미국 대통령 해리 트루먼은 신생국가를 사실상 승인하는 내용을 발표했다. 이틀 뒤 소련은 경쟁하는 초강대국인 미국보다 한술 더 떠 이스라엘을 법적으로까지 승인했다. 그 뒤 여러 나라가 속속 이스라엘을 승인했다. 누구도 이런 행위가 팔레스타인 주민의 대다수를 이루는 팔레스타인 아랍인들의 운명에 어떤 영향을 미칠지 고려하거나 숙고하지 않는 듯했다.

1948년 5월에서 1949년 1월 사이에 해안도시인 텔아비브와 하이파 사이에 자리하고 있던 370개 팔레스타인 마을이 이스라엘에 의해 지도상에서 사라진다. 하가나의 여단 가운데 하나인 알렉산드로니 여단이 이 지역을 유대화하는 임무를 맡았다. 1948년 4월 말부터 7월 말까지 거의 모든 마을에서 무자비한 광경이 되풀이되었다. 무장한 이스라엘 병사들은 세 방향에서 마을을 에워싸고 마을 사람들을 나머지 한쪽으로 몰아갔다. 많은 경우에 떠나기를 거부한 사람들은 트럭에 강제로 태워져 요르단 강 서안으로 실려 갔다. 몇몇 마을에는 무력으로 저항하는 아랍 지원병들이 존재했고, 이런 마을들은 정복당하는 즉시 폭파되고 파괴되었다(파페,『팔레스타인 현대사』, 212, 217쪽).

알렉산드로니 여단의 공식 기록에 따르면, 남은 여섯 개 마을 중 가장 큰 곳이었던 탄투라는 유대 영토 한가운데 목에 가시처럼 걸려 있었다. 5월 23일, 이 마을에도 차례가 돌아왔다. 탄투라는 팔레스타인의 오래된 마을로서 약 1500명의 주민이 사는, 당시 기준으로 따지면 큰 규모의 마을이었고 농업과 어업에 의존했다. 유대 정보장교들이 촌장을 비롯한 명사 두세 명에게 항복 조건을 제시했다. 당연하게도 명사들은 항복하면 결국 쫓겨날 것으로 의심하면서 이 조건을 거부했다. 5월 22일 밤, 마을은 사방으로부터 공격을 당했다. 마을이 완전히 포위되었고, 결국 마을 사람들 대다수가 점령군의 수중에 들어가게 되었다. 사로잡힌 사람들은 해변으로 옮겨졌다. 그곳에서 남자만 남겨 두고 여자와 아이들은 인근에 있는 푸레이디스로 쫓겨났다. 13세에서 30세 사이의 남자 200명이 알렉산드로니 여단을 비롯한 유대 군대에 의해 학살당했다. 전투 연령의 남자들을 죽여 없애겠다는 계산된 기대와 복수가 이런 학살의 동기였다(Pappe, "the Tantura Case in Israel: The Katz Research and Trail", Journal of Palestine Studies 30, p.3 , 파페,『팔레스타인 현대사』, 219쪽 재인용).

1948년 5월 이후에는 농촌 지역에 사는 대다수 주민들이 이 정책의 희생자가 되었다. 유엔에 의해 유대 국가로 지정된 영토에 살고 있던 팔레스타인인 85만 명 가운데 16만 명만이 자기 집이나 땅에,

또는 그 근처에 그대로 남았다. 남은 이들은 이스라엘의 소수 팔레스타인인이 되었다. 나머지는 추방되거나 추방의 위협 아래 도망쳤고, 수천 명이 학살당했다. 75만 명이 난민이 되었다. 이때 중요한 팔레스타인 조직인 파타가 생겨났다. 파타의 중심에는 야세르 아라파트와 칼릴 알-와지르 같은 인물들이 있었다. 두 사람은 친구들과 함께 가자의 난민촌에서 활동하면서 팔레스타인 해방을 위한 민족 조직을 세웠다. '팔레스타인해방운동'이라는 뜻의 아랍어 머리글자를 거꾸로 하면 '승리'라는 뜻의 파타가 된다(파페, 『팔레스타인 현대사』, 220~221, 237쪽).

1950년 3월 14일 이스라엘 정부는 아랍인들의 토지를 몰수한 것을 정당화하기 위해 '부재자 재산법'을 채택했다. 이 법에 따라서 유엔의 팔레스타인 분할안이 의결된 날인 1947년 11월 29일 현재 아랍 국가의 시민이었거나 아랍 국가에 거주하고 있던 사람들과 팔레스타인인이라 할지라도 본인의 거주지를 떠나 있던 사람들은 이유를 불문하고 모두 부재자로 분류되었다. 이때 크네세트는 부재자의 재산은 그 재산의 점유자에게 귀속된다고 승인했으며 당시 재산 점유자들은 전 재산을 이스라엘 정부에 팔았다. 이로써 이스라엘 정부는 손쉽게 100만 아랍인 재산 강탈을 제도화했다. 반면 '부재자 재산법'을 채택한 지 3개월이 채 안 된 7월 4일 크네세트는 '귀환법'을 통과시켰다. '귀환법'은 "모든 '유대인'은 새로운 이주자로서 이스라엘로 돌아올 권리를 가지며 완전한 이스라엘 시민권을 받는다"고 규정했다. 결국 이스라엘 정부는 '부재자 재산법'과 '귀환법' 제정을 통해 제도적으로 아랍인들을 추방시키고 이스라엘인들을 정착시켰다(PASSIA, *100 years of Palestine history, A 20th Century Chronology*, p.96, 홍미정, 『팔레스타인 땅, 이스라엘 정착촌』, 28, 30쪽 재인용).

1967년 6월 5일 노동당 정부가 주도한 전쟁은 이집트를 선제공격함으로써 시작되었다. 이스라엘은 6일 만에 압도적인 승리로 전쟁을 끝냈다. 전쟁 결과 요르단령이었던 동예루살렘 구시가지를 포함한 웨스트 뱅크 지역과 이집트의 지배 하에 있던 가자 지구와 시나이 반도, 시리아령이었던 골란 고원까지 이스라엘의 점령 하에 들어가게 되었다. 이제 이스라엘은 기존 영역의 3.5배인 약 7만 평방킬로미터 정도를 확보하게 되었다. 이때 국제연합 난민구제사업국에 전쟁 난민으로 등록된 17만 5000명을 포함하는 약 43만 4000명의 팔레스타인인이 점령지로부터 퇴거당했는데, 이들 대다수는 요르단으로 이주했다. 한편 피난 가지 않았던 100만 명 정도의 팔레스타인인들은 이스라엘의 점령 하에서 생활하게 되었다. 이후 이스라엘과 팔레스타인의 영토 분쟁은 더욱 첨예해졌으며, 오늘날 양자 간의 분쟁 대상 지역은 1967년에 이스라엘이 점령한 예루살렘을 포함하는 웨스트 뱅크와 가자이다. 이 지역의 크기는 전 팔레스타인 영역의 22%에 달한다(홍미정, 『팔레스타인 땅, 이스라엘 정착촌』, 31~32쪽).

당시에 노동당 정부는 동예루살렘 구도시의 유대인 지구를 확장하기 위해 적어도 135채의 주택을 파괴하고 무가라비 지구로부터 6000명의 팔레스타인인들을 추방했다. 이에 대해 1967년 7월 4일에 내려진 유엔총회 결의 2253호는 예루살렘의 주권을 변경시키는 이러한 조치들을 즉각 중지하라고 이스라엘에 요구했다. 그러나 노동당 정부는 이를 완전히 무시했으며, 오히려 전쟁 종결로부터 3년 동안 예루살렘에 있는 팔레스타인인들의 토지 18.27평방킬로미터 이상을 추가로 몰수했다(PASSIA, *PASSIA Diary* 2002, Jerusalem, 2002, pp.295~296), 홍미정, 『팔레스타인 땅, 이스라엘 정착촌』, 33쪽 재인용).

1967년 11월에는 유엔안보리 결의 242호가 채택되었다. 이 결의는 1967년 전쟁에서 점령한 지역으로부터 이스라엘이 철군할 것과 모든 국가는 승인된 경계 내에서 평화롭고 안전하게 살아갈 권리가 있음을 인정하는 등 완전한 평화조약을 요구하고 있다. 그러나 이 결의에는 팔레스타인인들의 민족 자결권을 무시하고 단순히 난민 문제로만 처리하려는 국제사회의 의지가 명백하게 드러났다. 또한 이 결의는 이스라엘에게 점령 지역에서 팔레스타인인들에 대한 지배권을 주장할 여지를 제공하게 된다(홍미정, 『팔레스타인 땅, 이스라엘 정착촌』, 35~34쪽).

노엄 촘스키에 의하면, 1971년 2월 미국이 이스라엘의 부분 철군을 지지하는 쪽으로 그 태도를 바꾸기 전까지만 해도 미국을 포함하는 전 세계는 유엔안보리 결의 242호에 대해 이스라엘은 모든 점령지에서 철수하고 팔레스타인인들의 인권을 보장하라고 요구하는 것으로 해석하고 있었다고 한다(Chomsky, *The New Intifada, Resisting Israel's Apartheid*, p.10, 홍미정, 『팔레스타인 땅, 이스라엘 정착촌』, 36쪽 재인용). 그러나 미국의 태도 변화 이후 이스라엘을 지지하는 나라들은 모든 점령지 철수가 아닌 부분 철수로 해석하고 있다고 한다.

1967년 6월 전쟁이 끝났을 때, 팔레스타인인은 아랍 세계의 대다수 사람과 마찬가지로 충격에 휩싸였고 거의 완전히 마비되었다. 팔레스타인인은 새로운 지정학적 상황에 따라 다시 한 번 여러 범주로 나뉘게 되었다. 난민과 난민이 아닌 사람 사이의 구분은 여전히 존재했지만, 요르단 강 서안과 가자 지구, 이스라엘의 다른 팔레스타인인 공동체들은 이제 이스라엘의 지배 아래에 있다는 사실만으로도 단결되었다. 1972년에 150만 명이 난민으로 등록되었는데, 그중 65만 명이 팔레스타인, 요르단, 시리아, 레바논 등의 13개 대규모 난민촌에 거주했다. 1982년에 이르면 난민의 수는 약 200만 명으로 늘어나게 된다(파페,『팔레스타인 현대사』, 294쪽).

'예루살렘 종합계획'이 의도하는 정착촌 건설에는 두 가지 목적이 있었다. 하나는 정착촌 건설을 통해 북부와 남부의 팔레스타인 지역으로부터 동예루살렘을 분리시키는 것이며, 다른 하나는 정착촌을 북쪽으로 깊숙하게 확장시킴으로써 동예루살렘의 경계를 팔레스타인 지역으로 깊숙이 확장시키는 것이었다. 이렇게 하여 확장된 새로운 경계는 1967년 전쟁 때까지 요르단 통치 하에서 예루살렘 시 당국에 속했던 지역 이외에 웨스트 뱅크 지역 70평방킬로미터를 포함하게 되었다. 이스라엘은 이 계획으로 인해 사실상 전 예루살렘에 대한 실제적인 지배권을 확보했다. 결과적으로 예루살렘의 면적은 108평방킬로미터로 늘어나 1967년 이전의 3배에 이르게 되었다(Hodgkins,

Israeli Settlement Policy in Jerusalem, Jerusalem, p.43, 홍미정, 『팔레스타인 땅, 이스라엘 정착촌』, 40쪽 재인용).

1967년 전까지 이스라엘의 행정수도는 텔아비브였지만 지금은 예루살렘이다. 이스라엘 측은 동예루살렘이라는 용어를 사용하는 것조차도 꺼린다. 동예루살렘이라는 명칭은 서예루살렘을 전제할 수밖에 없으며, 예루살렘이 동서로 분리될 수 없다는 것이 이스라엘 측의 입장이다. 이스라엘의 입장은 단호하다. 그러나 동예루살렘의 팔레스타인 지역과 그리스도교 지역은 팔레스타인의 행정지역으로 할 수밖에 없다. 구시가지인 유대교 지역과 아르메니아 정교회 지역은 이스라엘이 관리하는 지역이 될 수밖에 없지만, 동예루살렘의 성지 지역은 이슬람교의 교회인 모스크이기 때문에 다른 종교인들이 관리할 수 없다. 그러나 알 악사 사원이 있는 성지 밖의 서쪽 벽이 유대교의 성지인 '통곡의 벽'이기 때문에 이 지역은 성지순례를 위해 이스라엘이 관리할 수밖에 없다. 나아가 유대인들은 통곡의 벽을 기초로 유대교 회당을 건설하려 하는데, 이는 필연적으로 팔레스타인 사람들과의 충돌을 불러일으킬 수밖에 없다(홍순남, 「이스라엘의 팔레스타인 침공, 어떻게 볼 것인가?」, 448쪽).

1967년 7월 당시 노동부 장관이었던 이갈 알론은 6월 전쟁에서 획득한 점령 지역을 대상으로 정착촌 건설 계획을 수립했는데, 그는 유대인을 국경 지역에 골고루 정착시켜 살게 하는 것만이 안보를 확보하는 유일한 방법이라고 생각하여 "유대인이 정착하지 않은 국경은 이스라엘의 국경이 아니다"라고 주장했다. 이는 유대인의 정착을 통해서만이 현실적으로 영토를 지배할 수 있다는 논리였다. 알론의 계획을 따랐던 모세 다얀도 "이스라엘의 안보를 수호하는 데는 정착촌이 군대보다 더 효과적인 수단이며, 정착촌이 없다면 이스라엘 방위군이 점령지 내에 머무는 것은 불가능하다"고 주장했다(Tufakji, "Settlements: A Geographic and Demographic Barrier to Peace", pp.52~53, 홍미정, 『팔레스타인 땅, 이스라엘 정착촌』, 41쪽 재인용). 노동당 정부가 목표로 한 것은 정착촌 건설을 통해 점령지를 영구히, 실제로 장악할 수 있는 새로운 '현실'을 창출하는 전략이었던 것이다(홍미정, 『팔레스타인 땅, 이스라엘 정착촌』, 42쪽).

윌리엄 윌슨 해리스는 '1967~1980년 웨스트 뱅크, 골란 고원, 가자-시나이의 이스라엘 정착촌'을 분석하고 "이스라엘의 입장에서는 토지를 흡수 합병하기 위한 가장 합리적이며 최선의 수단이 바로 정착촌이며, 정착촌은 정치적으로 영토를 보장할 뿐만 아니라, 주변 아랍 국가들의 공격을 막는 장애물로 기능한다"는 결론을 내렸다 (Harris, "Israeli Settlement in the West Bank, the Golan and Gaza-Sinai, 1967~1980", pp.31~40, 홍미정, 『팔레스타인 땅, 이스라엘 정착촌』, 19쪽 재인용).

알론은 시나이, 골란 고원, 가자에 정착촌을 건설하고 웨스트 뱅크의 북쪽에 베이 산으로부터 남으로 네게브까지, 웨스트 뱅크와 요르단을 분리시키기 위해 웨스트 뱅크의 동쪽 경사의 가장자리로부터 동쪽 지역의 요르단 강에 이르는 1165평방킬로미터의 회랑 지대를 제안했다. 이 회랑 지대는 예루살렘까지 연장됨으로써 예루살렘이 대폭 확장되었다. 노동당 정부는 이 회랑지대에 포함된 예루살렘 주변 지역인 라말라와 베들레헴 사이에 대규모의 정착촌을 건설했다. 이 회랑 지대 건설 목적은 웨스트 뱅크를 요르단으로부터 분리시키는 동시에 웨스트 뱅크 자체를 두 개의 덩어리로 토막 내는 것이었다(Tufakji, "Settlements: A Geographic and Demographic Barrier to Peace", pp.52~53, 홍미정, 『팔레스타인 땅, 이스라엘 정착촌』, 42쪽 재인용). 예루살렘 지역에서의 집중적인 정착촌 건설은 노동당 정부가 전통적으로 주장해 온 안보 논리를 넘어서는 것이었다. 노동당 정부의 정착촌 정책은 팔레스타인인들의 예루살렘 반환 요구에 대응하여 지리적 요충지마다 이스라엘 정착민을 배치함으로써 팔레스타인 지구들을 고립시키는 일종의 장애물로 설치하려는 의도에서 비롯된 것이었다. 이들 정착촌은 서예루살렘과 동예루살렘의 경계인 그린 라인(1949년 휴전선)을 대체하는 동시에, 팔레스타인인 밀집 지역인 웨스트 뱅크를 향해서 유대인 지구를 차츰 확장시켰다. 따라서 앞으로의 정착촌 건설사업이 웨스트 뱅크 내부로 진행될 것이라고 예측하는 것은 어렵지 않다. 한편 시온주의 운동에 이념적인 토대를 둔 극우파 종교집단인 '구쉬 에무님'Gush Emunium 정착촌 건설운동이 1973년 아랍국들과의 전쟁 이후에 시작되었다(홍미정, 『팔레스타인 땅, 이스라엘 정착촌』, 47, 51쪽).

노동당 정부의 정착촌 건설 유형은 크게 두 가지였다. 하나는 예루살렘을 중심으로 한 도시 정착촌이고, 다른 하나는 그 외 지역의 농촌 정착촌이다. 예루살렘 지역의 정착민들은 대부분 도시 유형인 토사바 정착촌에 살았다. 이 정착촌들은 '군사지역', '공유지', '부재자 소유지' 등으로 선언된 이후 몰수된 토지에 건설되었다(Shtayyeh, *Scenarios on Jewish Settlements in the West Bank and Gaza Strip*, p.9, 홍미정, 『팔레스타인 땅, 이스라엘 정착촌』, 53쪽 재인용).

　노동당 정부의 조처는 1967년 군 포고령 58호이다. 군 포고령 58호는 1967년 전쟁 전후에 웨스트 뱅크를 떠나 있는 모든 사람을 부재지주로 간주했고, 부재지주의 모든 재산은 '포기된 재산에 대한 이스라엘 관리인'에게 양도된다고 규정하고 있다. 결국 1973년에 총 43.1333평방킬로미터에 이르는 토지가 이 범주에 포함되어 정착민들과 정착촌을 위해 양도되었다. 다음은 이와 관련한 한 정착민의 말이다(홍미정, 『팔레스타인 땅, 이스라엘 정착촌』, 58쪽).

　여기 요르단 계곡에서, 우리는 수 킬로미터를 경작한다. 그곳은 팔레스타인인들의 토지이다. 왜 진실에 귀 기울이지 않는가? 그 토지의 소유자들은 어떤 팔레스타인인들인가? 그들은 부재지주들이다. 6일 전쟁에서 요르단으로 피난한 나블루스와 투바스 주민인 이 사람들은 유대나 사마리아로 되돌아올 수 없다. 왜냐하면 그들의 이름 목록이 국경 검문소에서 통제되고 있기 때문이다.

　이처럼 노동당 정부에 의해 법률로 명문화되고 제도화된 팔레스타인 재산의 몰수와 팔레스타인인들의 배제는 시간이 흐르면 흐를수록 이곳이 무력에 의해 점령되었다는 사실을 잊어버리게 한다. 이

제 그곳의 주인은 이스라엘이 되었으며, 당면 과제는 이주한 정착민들의 안전과 노동당 정부의 안보 문제로 전환되어 버렸다(홍미정, 『팔레스타인 땅, 이스라엘 정착촌』, 59쪽). 이러한 안보 논리의 연장선에서 토지 폐쇄는 군대 지휘관의 자의적인 명령으로 이루어진다. 토지 폐쇄 명령이 내려지면 팔레스타인인들은 그 토지를 경작할 수 없고, 3년 동안 경작되지 않으면 국유지로 지정되고 만다. 개인 토지는 '절대적이고 즉각적인 군사상의 필요'를 위해 처분된다고 선언하는 군 포고령들에 의해 강탈되곤 했다. 실제로 헤브론 근처 키르얏 아르바Kiryat Arba와 같은 많은 정착촌이 이러한 토지에 건설되었다(Benvenesti, *The West Bank Data Project*, p.31, 홍미정, 『팔레스타인 땅, 이스라엘 정착촌』, 59쪽 재인용).

헤브론은 유대인의 조상이면서 아랍인의 조상이기도 한 아브라함과 그의 아내 사라 및 족장들의 무덤이 있는 곳이다. 또한 다윗 왕이 예루살렘을 수도로 삼기 전 7년 6개월을(2사무 2:11, 1역대 29:27) 수도로 사용한 곳이기도 한 유서 깊은 도시다. 그래서 헤브론은 아브라함의 무덤으로 인해 유대인과 아랍인들이 소중히 여기는 성지다. 아브라함의 무덤에 가면 아브라함의 커다란 무덤을 중심으로 반으로 나눠 칸막이로 막아 놓고 한쪽은 유대인들이 무덤 앞에서 기도를 할 수 있게 해 놓고 나머지 반대쪽은 아랍 사람들이 무덤을 볼 수 있게 해 놓았다. 물론 서로 들어가는 입구도 다르게 해 놓았다. 현재 헤브론은 팔레스타인 자치지구로 되어 있어서 팔레스타인 사람들이 살고 있지만 그 자치지구 안에 유대인 정착민들이 200여 명 살고 있다.

헤브론에 사는 팔레스타인 사람들은 자기들만의 자치지구에서 유대인들이 떠나가라고 요구하고 있지만, 유대인들은 아브라함의 무덤이 있고 다윗이 살았던 유서 깊은 땅 헤브론을 떠날 수 없다며 버티고 있는 것이다. 그런데 문제는 200여 명의 유대인을 보호한다는 명분 하에 이스라엘 군인들이 헤브론 안에 머물러 있다는 것이다. 이러한 이유로 헤브론은 팔레스타인과 유대인 사이에 크고 작은 충돌이 계속해서 일어나고 있다(김종철, 『이스라엘 : 평화가 사라져버린 5,000년 성서의 나라』, 321~322쪽).

이처럼 점령지에서의 노동당 정부의 토지 획득 노력은 조직적이고 제도적으로 이루어졌으며, 이를 더욱 원활하게 실행하기 위해 군 포고령들이 요르단 법률을 대체했다. 이렇게 제도화된 웨스트 뱅크 지역에서 이스라엘이라는 실체를 거부할 수 없는 현실로 만들어 가는 과정이었다. 이러한 일련의 제도적 조처들로 이스라엘은 훨씬 더 자유롭고 수월하게 정착촌 건설사업 계획을 실행할 수 있었다. 법률의 변경과 새로운 법률의 제정 등 외관상 합법적으로 이루어지는 토지소유권의 이양은, 이후 소위 평화협정들이라고 일컬어지는 캠프 데이비드 협정*과 오슬로 협정에서도 계속되고 있다는 점에 주목해야 한

---

* 캠프 데이비드 협정은 미국 대통령 지미 카터의 중재로 1978년 9월 17일 캠프 데이비드에서 무함마드 안와르 사다트 이집트 대통령과 메나헴 베긴 이스라엘 총리가 두 가지 내용에 대해 서명함으로써 체결되었다. 첫 번째는 웨스트 뱅크와 가자에서 자치정부를 수립한다는 포괄적인 협상 틀에 대한 동의였다. 두 번째 것은 이스라엘과 이집트 사이에 있는 시나이의 장래와 평화 문제를 다루었는데 시나이로부터의 이스라엘 철수, 비무장화, 군축, 감독기구 설치 등 상당히 구체적인 사항을 포함한다. 이 협정에서 이집트는 1967년

다(홍미정, 『팔레스타인 땅, 이스라엘 정착촌』, 60쪽).

1977년 5월 선거에서 승리한 리쿠드당 정부는 웨스트 뱅크와 가자 지역에서 토지 몰수에 대한 팔레스타인인들의 이의 제기가 비등하게 되자 이들 지역에서의 토지 몰수 방법을 더욱더 체계화할 수밖에 없었다. 특히 토지 등기부를 조사해서 등기되어 있지 않은 토지를 '국

전쟁에서 빼앗겼던 시나이를 되돌려받는 대신에, 사실상 자신과는 직접적인 이해관계가 없는 요르단 관리 하의 웨스트 뱅크 지역을 이스라엘의 지배권에 묶어 두는 데 동의한 것이었다. 실제로 웨스트 뱅크에 직접적인 이해관계를 갖고 있는 요르단과 팔레스타인인이 제외된 이 협정은 이스라엘 편향으로 나아갈 수밖에 없는 태생적인 한계를 가졌다. 자치정부의 구성 양식에 관한 논의에는 팔레스타인인들이 이집트 혹은 요르단 대표에 포함되지만, 자치정부를 구성하는 것은 이 지역의 모든 주민이며 자치정부 수립 이후 협상에 참가하는 사람들도 웨스트 뱅크와 가자 모든 주민 대표들이라고 명시하고 있다. 따라서 이 협정에서 말하는 '웨스트 뱅크와 가자의 모든 주민'은 '팔레스타인인들'뿐만 아니라 '서안과 가자 지역의 정착민들'을 포함하는 것이었다. 그러므로 이 협정이 요구하는 웨스트 뱅크와 가자 지역의 자치정부는 '팔레스타인인들'뿐만 아니라 '웨스트 뱅크와 가자 지역의 정착민들'을 아우르는 '웨스트 뱅크와 가자 지역의 모든 주민들'에 의한 것이었다. 이들의 대표들이 이집트, 이스라엘, 요르단과 함께 최종 지위 협상에 참여할 사람들이었다. 이로써 웨스트 뱅크와 가자에 대한 최종 지위 협상 이전에 이스라엘이 실행할 목표는 분명해졌다. 그것은 웨스트 뱅크에서 이스라엘 정착민을 늘리고 조직화해서 최종 지위 협상에서 정착민들이 유리한 고지를 선점하는 것이었다. 결국 캠프 데이비드 협정에서 팔레스타인인들에게 자치권을 부여한 것은 독립국가로 가는 하나의 단계가 아니었다. 이 협정에서 리쿠드당 정부가 목표한 바는 웨스트 뱅크와 가자 지역을 합법적으로 요르단과 이집트 영역으로부터 분리시켜 궁극적으로는 이스라엘 관할 안에 둘 수 있도록 이집트의 동의를 구하는 것이었다. 따라서 이스라엘이 점령지를 관할할 자치정부를 필요로 했던 것은 가자와 웨스트 뱅크 지역을 이집트와 요르단으로부터 분리시키면서 동시에 이 지역을 이스라엘의 통제권 아래 두는 데 그 이유가 있었다. 이들 개개의 정착촌들은 정착촌 지역위원회들을 통해 웨스트 뱅크 전체를 덮는 더 넓은 지역적인 조직망을 형성하여 결국 이 지역을 이스라엘로 통합하기 위한 것이었다. 이제 이스라엘이 웨스트 뱅크에 대한 역사적인 권리를 갖는다는 주장은 당 노선이나 종교적·세속적인 분열을 초월하여 모두가 공유하는 하나의 이념이 되었다. 정착촌 건설사업 계획의 목적은 땅을 차지하는 것이면서 동시에 대다수의 팔레스타인인을 밀쳐 내거나 고립시키는 것이었다(홍미정, 『팔레스타인 땅, 이스라엘 정착촌』, 64~77쪽).

유지'로 선포하고, 소유권 이양을 위해 팔레스타인 부역자들을 동원해서 문서를 위조하는 등 리쿠드당 정부의 토지 몰수 방법들은 갈수록 치밀해졌다. 실상 이러한 행위는 1950년대에 노동당 정부가 이스라엘 내부 지역에서 실행해 왔던 방법을 리쿠드당 정부가 웨스트 뱅크와 가자 지역으로 확대한 것이었다. 이스라엘은 웨스트 뱅크에서 정착촌 계획을 성공시키기 위한 시설을 확충하는 데 도로가 중요했다. 리쿠드당 정부 동안 동-서 도로망이 웨스트 뱅크에서 건설되어 연안평야를 요르단 계곡과 웨스트 뱅크의 나머지 지역에 있는 새롭게 건설된 정착촌들과 연결시켰다. 이러한 도로망으로 정착민들은 이스라엘 내부 지역에 있는 그들의 작업장에 매일 통근할 수 있게 되었다. 새로운 도로망의 기본 목적은 이스라엘과 웨스트 뱅크 도로망을 통합하는 데 있다. 또 이 도로들은 웨스트 뱅크 전체를 가로지르고 있어 이스라엘 당국이 손쉽게 지배할 수 있도록 이 지역을 토막 내었다. 이 계획 또한 요르단 계곡과 북부 사이의 운송을 촉진시키고, 정착촌들끼리 서로서로 연결시키고 또 이스라엘 내지로의 이동을 용이하게 하는 반면 팔레스타인 도시들 내부로 도로들을 통과시킴으로써 팔레스타인 도시들과 마을들을 서로 분리시키는 데 목적이 있었다. 또한 이 계획은 도로를 건설하기 위해 할당된 모든 토지에 대한 사용을 금지했으므로 팔레스타인인들은 자신들의 토지조차 경작할 수 없었다. 따라서 이러한 정책이 팔레스타인인들에게 준 충격과 영향은 지대할 수밖에 없었다(홍미정, 『팔레스타인 땅, 이스라엘 정착촌』, 80, 90, 92, 93쪽).

1968년 이후 팔레스타인해방인민전선PFLP은 라틴아메리카의 혁명 이데올로기, 특히 체 게바라의 저술과 행동에 영감을 받아 그의 견해를 중동 상황에 적용했다. 그 결과 조직은 '반동적인' 아랍 정권들을 타도하는 것까지 포괄하도록 혁명의 목표를 확장했다. 그리하여 파타가 아랍 각국 정부의 지원을 추구한 반면, 팔레스타인해방인민전선은 아랍 각국의 풀뿌리 저항운동 내부에서 활동했다. 1972년과 1976년에 이스라엘은 주민들에게 지방선거에서 투표를 허용했다. 그러나 1976년에 팔레스타인해방기구 후보자들이 압승을 거둔 뒤, 1977년 집권한 리쿠드당 정부는 다시 선거를 금지하고 그와 더불어 남아 있던 다른 권리까지 박탈해 버렸다. 또한 예루살렘이나 점령 지역의 어디로든 이주하는 것은 여전히 유대인 정착민과 특별허가를 받은 현지인들만의 배타적인 권리였다. 요르단 강 서안과 가자 지구를 벗어나려고 하는 사람들에게 이주의 자유에 대한 제한은 예나 지금이나 가혹하기는 마찬가지다. 이런 고난은 1968년경 호황을 맞이한 이스라엘 경세에 미숙련 막노동자로 참여할 것을 권유받은 팔레스타인 노동자들이 특히 심각했다. 일찍이 1967년 11월부터 노동자들이 오렌지 과수원에서 일자리를 구하기 위해 이스라엘에 불법적으로 들어온다고 보고되었다. 팔레스타인 노동자들은 당시 유대인 평균 급여의 4분의 1을 받고 일했다. 노동자들은 새벽에 이스라엘에 들어올 수 있었지만 해질 무렵이면 나가야 했다(파페, 『팔레스타인 현대사』, 302, 309~310쪽).

1967년의 경계선을 넘어 이스라엘로 건너가는 난민들이 이스라엘 본토 팔레스타인 노동자의 절반을 차지했다. 그들은 저임금에 거의 노예 신세에 가까운 막노동자이자 고향 땅의 이방인으로 고국에 돌아왔다. 이런 사실만으로는 충분치 않은 듯, 이런 노동자들의 틀에 박힌 일상이 이 '귀환 행위'의 민족적 의미만큼이나 모욕적이었다. 매일 출퇴근하면서 이스라엘 검문소에서 아침을 시작할 때마다 뻔질나게 학대와 괴롭힘을 당해야 했다.

검문소를 통과해 '노예시장'이라 불리는 지역으로 가면 이스라엘 고용주들이 운 좋은 이들을 그날 하루 일할 노동자로 선택하곤 했다. 주요 도시의 변두리마다 우후죽순처럼 생겨난 '노예시장'에서 팔레스타인 노동자들은 '인간 우리'에 빽빽하게 들어찼고, 지프차나 트럭에 황급히 올라타고는 공장이나 식당, 농장 등 자신들을 미숙련 노동자로 고용할 어느 곳으로든 실려 갔다. 하루 일을 끝낼 무렵이면, 이스라엘의 기준으로 보자면 보잘것없지만 요르단이나 이집트에 비하면 그래도 후한 임금을 받았다. 1980년대 초반 무렵 팔레스타인인 15만 명이 이런 식으로 살고 있었다(파페, 『팔레스타인 현대사』, 317~318쪽).

이스라엘의 대표적인 평화운동단체인 피스 나우는 오슬로 협정 체결 이후 계속 고조되는 위기의 진원지가 바로 이스라엘 정착촌이라고 진단한다. 유엔 및 인권단체의 보고서들도 같은 의견을 표명한다. 이 문건들은 이스라엘에서 발생하는 사건과 갈등 대다수가 정착촌과 정착촌에 이르는 도로와 비교적 고립된 곳에 있는 검문소에서 발생한다고 기술하고 있다. 이스라엘 검문소는 팔레스타인인들의 입장에서는 굴욕과 억압의 상징이다. 그곳에는 무장한 이스라엘 병사와 탱크들이 언제든지 방아쇠를 당길 태세로 있고 간혹 위협사격을 가하기도 한다. 주요 도로 곳곳에 촘촘히 서 있는 검문소에서는 수십 명에서 수백 명에 이르는 팔레스타인인들이 생명의 위협을 느끼며 통행 허가를 기다리는 광경을 목격할 수 있는데, 그마저 허락이 떨어지지 않으면 다시 돌아가야만 한다. 검문소와 더불어 도로 통제 또한 팔레스타인인들을 억압하고 이스라엘 지배를 관철하는 수단으로 작용한다. 웨스트 뱅크와 가자 지역을 관통하는 도로들은 팔레스타인 지역에 깊숙이 들어와 정착한 이스라엘 정착민들을 보호하고 그들의 편의를 도모하기 위해 건설되었는데, 관통도로를 포함한 모든 도로의 개방과 폐쇄는 전적으로 이스라엘과 이스라엘 정착민들의 필요에 따라 작동한다. 따라서 "이동을 불가능하게 만드는 도로 봉쇄, 포위, 특히 팔레스타인 도시들을 연결하는 모든 도로에 대한 이스라엘의 일방적인 통제는 팔레스타인 자치도시의 기능을 무력화시키기에 충분하다"(에드워드 사이드). 이스라엘 정착촌 문제는 난민 귀환 문제, 동예루살렘 귀속 문제, 경계선 획정 문제, 수사원 문제와 더불어 이스라엘과 팔레스타인 분쟁에서 최대 논쟁점 중의 하나이다. 노엄 촘스키는 미국이 1967년 이래 미국-이스라엘 프로그램을 통해 이스라엘 정착촌 정책에 깊이 연루되어 왔다고 주장했다. 그에 의하면, 미국은 막대하고 지속적인 군사적·경제적 원조를 하고 있을 뿐만 아니라 영토 문제와 결부된 유엔 결의를 해석하거나 소위 평화협정을 체결할 때도 항상 이스라엘에 편향적이라는 것이다. 특히 오슬로 평화 과정 동안에 강화된 이스라엘 정착촌 건설의 배후에는 미국이 있다는 것이다. 이스라엘의 경제는 미국에 크게 의존적이며, 총예산의 50%인 약 32억 달러 정도의 원조를 미국으로부터 받는다. 따라서 미국 원조의 변화는 전체적인 이스라엘 정착촌 계획의 실행에 직접 영향을 미칠 가능성이 크다는 것이다(홍미정, 『팔레스타인 땅, 이스라엘 정착촌』, 11~15, 17쪽).

인티파다는 1987년 12월에 가자의 난민촌에서 시작되었다. 당시 가자의 난민촌은 요르단 강 서안의 난민촌과 마찬가지로 점령 지역 전체의 150만 난민 가운데 85만 명을 수용하고 있었다. 그중 3분의 1이 15세 이하의 어린이였고, 운르와UNRWA: United Nations Relief and Works Agency(국제연합 팔레스타인 난민구제사업기관)의 보고서에 따르면 난민촌 주민의 평균연령은 27세였다. 일거리를 찾은 남자들은 주로 이스라엘에서 막노동자로 일해 생계를 유지했다. 그러나 인티파다 직전에 35% 이상이 실업자였다. 인티파다 첫해에 난민 400명이 이스라엘군과 충돌하는 과정에서 살해되었다. 이스라엘인들은 부상자가 수천 명에 불과하다고 주장했지만, 대부분의 자료에 따르면 수만 명이 부상을 당했다.

1987년 인티파다에서 주목할 만한 점은 농촌 여성들이 군대와 대담하게 맞서면서 중심적인 역할을 했다는 점이다. 여성들의 헌신적인 참여는 사망자 수를 통해 측정해 볼 수 있는데, 전체 사상자의 3분의 1이 여성이었다. 봉기는 가부장제 사회와 이스라엘 점령이라는 이중의 부담에 직면한 여성들의 좌절감을 분출하는 기회를 제공했다. 난민촌과 도시, 마을의 여성들은 남자들과 마찬가지로 팔레스타인과 이스라엘에서 일해야 했다. 그러나 노동시장에서 남성보다 적은 급여를 받고 부당한 대우를 받았으며, 외부 세계에 참여하면서도 전통적인 가정 내 허드렛일에서 벗어나지 못했다. 따라서 인티파다가 일어나기 오래 전에도 여성들은 정치화를 통해 여성운동을 결집시킬 필요성을 느끼고 있었다. 이는 재판 없이 체포당하고 구금당한 여성의 수가 1970년대 초반 몇백 명에서 1980년대 초반에 수천 명으로 증가한 것을 보면 알 수 있다(파페,『팔레스타인 현대사』, 362~363, 366~367쪽).

1987년 말부터 시작된 팔레스타인인들의 민중 항쟁인 인티파다로 이스라엘은 국제적인 비난을 받게 되었고 이러한 비난을 벗어날 필요가 있었다. 또 1989년부터 소련으로부터의 유대 이민자 수가 급증했다. 이후 수년 동안 이스라엘 인구는 10~20% 정도가 증가했고, 1990년 한 해에만 이민자들이 18만 4000명에 달했다. 이러한 두 가지 상황, 즉 국제적 비난과 인구 문제가 오슬로* 과정이 시작될 무렵 이스

---

* 일명 '중동 평화 과정'이라고 불리는 오슬로 과정이 공식적으로 시작된 것은 1991년 10월 11일에 시작된 스페인의 마드리드 회의였다. 마드리드 팔레스타인 협상대표단이 이스라엘 측에 제네바 협정의 충실한 이행, 정착촌 확장의 중지 및 웨스트 뱅크, 가자 지역, 예루살렘에서의 영토 약탈 중지 등을 이미 제시했음에도 불구하고, 1993년 6월 미국은 마드리드 팔레스타인 대표단에게 그 모든 것들을 생략한 '임시 자치정부 원칙 선언, 임시 자치정부에 관한 이스라엘-팔레스타인 원칙 선언(약칭 DOP)' 초안을 제안했다. 1993년 7월 1일 파이잘 후세이니는 미 국무장관 워런 크리스토퍼에게 그 초안은 절대로 받아들일 수 없다고 거부했다. 마드리드 팔레스타인 대표단이 미국 초안을 거부한 지 2개월 후, PLO가 임시 자치정부 원칙 선언을 오슬로에서 비밀리에 이스라엘 정부와 단독으로 동의했다고 발표했다. 이로써 오슬로 과정이 마드리드 과정을 대체했다. 마드리드 회의 초기의 노력을 수포로 만든 오슬로 비밀 과정의 발표는 놀라웠다. 팔레스타인 지역사회와

라엘 정부가 직면하고 있던 가장 시급한 사안이었다(홍미정, 『팔레스타인 땅, 이스라엘 정착촌』, 97쪽).

오슬로 II가 목표하는 평화 과정이 무엇인지 살펴보면, 전문은 평화적인 공존, 상호 존중, 안보를 말하고 있다. 여기서 다시 한 번 상기해야 할 사항은 이때가 1987년 12월에 시작된 인티파다의 끝자락이었다는 것이다. 이 인티파다가 전 세계에 알려짐으로써 이스라엘은 국제적인 비난의 대상이 되었고, 그러한 상황에서 벗어나기 위해 팔레스타인 측으로부터 자신들의 합법성을 보장받을 필요가 절실했다. 즉 여기서의 '공존, 상호 존중, 안보'는 당시에 이스라엘이 절실하게 필요로 하는 개념이었던 것이다. 또한 이스라엘은 팔레스타인인들의 인티파다가 이스라엘 국가의 안보를 위협한다고 여겨 인티파다라는 민중 항쟁을 통제할 '팔레스타인 임시 자치정부'를 필요로 했다. 이를 반영하듯 이 협정 체결 직후인 1995년 12월 팔레스타인 자치정부와 팔레스타인의 강력한 이슬람 무장저항단체인 하마스는 이스라엘에 대한 무장 공격을 중단하겠다는 공동선언을 채택했다. 결국 1996년 1월

는 아무런 관계도 없던 PLO 대표들은 마드리드 과정에 대해서는 철저하게 무지했었다. DOP에서 오슬로 팔레스타인 협상자들은 마드리드 팔레스타인 협상자들이 마드리드 회담 이후 2년 동안 계속해서 투쟁했던 바를 이스라엘에게 거저 주는 데 동의하고 말았다. 결국 DOP는 이스라엘 군대의 주둔과 정착민들의 존재를 합법화시켰다. DOP 이전에는 점령지 내에서 이들의 상주를 뒷받침해 줄 수 있는 합법적 근거가 전혀 없었다. 다시 말해 DOP로 인해서 가자와 예리코 지역이 이스라엘 영역과 팔레스타인 영역으로 합법적으로 분할되기 시작했다. 이 조항으로 파이잘 후세이니와 하이다르 압둘사피가 밝혔던 평화 과정의 목적인 '정착촌 제거'와는 정반대되는 '정착촌의 합법화'가 시작된 것이다(홍미정, 『팔레스타인 땅, 이스라엘 정착촌』, 100, 107, 109, 112, 113, 120쪽).

에 자치정부 구성을 위한 선거가 실시되었고, 동시에 1987년부터 거의 10년 동안 지속된 인티파다는 마침내 종결되었다. 이 협정 전문의 마지막 구절에서 이스라엘과 팔레스타인은 '테러리즘, 폭력, 선동 행위와 위협'에 대해 효과적으로 대처하겠다고 약속했다. 그런데 여기서 말하는 '테러리즘, 폭력, 선동 행위와 위협'은 바로 1987년부터 시작된 인티파다를 지적하는 것이었다. 왜냐하면 이스라엘은 군대를 보유하고 있는 정식 국가이기 때문에 팔레스타인인들에 대한 물리적 조치는 군사작전이 되며, 이러한 군사작전은 안보를 위한 차원이므로 테러로 분류되지 않았다. 오슬로 과정에서 팔레스타인 자치정부 경찰이 수립되었다 하더라도 이는 이스라엘에 대항해서 활동하는 것이 아니라 '이스라엘에 대항하는 팔레스타인 불순 세력들'을 제압하는 데 활용하도록 되어 있었다. 따라서 전문의 내용은 팔레스타인인들에 의해 행해지는 이스라엘 안보 위협을 팔레스타인 자치정부를 수립함으로써 제거하고자 한 것이었다. 그러므로 이스라엘 입장에서 이 자치정부는 국가의 형태를 취할 필요가 없었으며, 이스라엘에 대항하는 불순한 팔레스타인인들을 통제할 정도로만 강력하면 되었던 것이다 (홍미정, 『팔레스타인 땅, 이스라엘 정착촌』, 120, 122쪽).

현실에서 오슬로 협정은 점령지 전역에 군대와 정착민의 존재를 영구적인 것으로 만들었고 팔레스타인의 영토를 분절시켰다. 2000년 이후 각지의 정착촌에 40만 명 이상의 이스라엘 정착민들이 상주하고, 이스라엘이 점령지로부터 절대 필요한 수자원, 천연자원, 무시할 수 없는 경제적 이익을 얻는다는 점을 고려하면, 이스라엘이 자발적으로 완전히 철군할 가능성은 거의 없어 보인다. 그럼에도 오슬로 과정이 평화를 정착시키기 위한 것이라는 환상을 일부 사람들에게 주었다. 그러나 실상 1993년부터 2001년 8월까지 웨스트 뱅크에서 280평방킬로미터 이상의 토지가 몰수되었으며, 28만 2000그루의 나무가 뿌리째 뽑혔다. 시간이 지남에 따라 팔레스타인인들은 견딜 수 없는 고통에 직면하게 되었고, 미래에 대한 희망을 잃어버렸다. 오슬로 과정으로 두 국가가 공존하는 평화가 도래할 것이라고 굳게 믿었던 사람들은 결국 2000년 캠프 데이비드 최종 지위 협상이 결렬됨으로써 그것이 신기루와도 같은 환상이었다는 사실을 명확히 깨닫게 되었다. 동일한 영토에서 한편으로는 이스라엘 정착촌이 건설되는 동시에 다른 편에서는 팔레스타인인들 소유의 토지가 몰수되고, 주택이 파괴되며, 건설사업이 금지되는 상황이 연출되었다. 피스나우에 의하면, 1994년 말에서 2000년 11월까지 6년 동안에 웨스트 뱅크(동예루살렘 제외)와 가자 지구에서 740여 채의 팔레스타인 주택이 파괴되었다. 그로 인해 수천 명의 예루살렘 거주 아랍인들은 심각하게 초만원이 된 상태이며 동굴이나 텐트와 같은 데서 생활하기도 한다. 2002년 예루살렘 통계연감에 의하면 예루살렘에 전체 주민 68만 400명 중 32.6%에 해당하는 22만 1900명의 아랍인이 살고 있다. 그런데 팔레스타인 지역인 동예루살렘에서는 건축 허가가 나지 않았기 때문에 2002년 현재 이곳에서는 신축 건물을 거의 찾아볼 수 없다. 이스라엘의 동예루살렘에 대한 토지정책의 결과 전체 토지의 34.0%는 공공 용도를 위해 몰수되었으며, 9.0%는 이스라엘 정착촌의 확장을 위해 지정되었고, 44.0%는 녹지대로 구분되어 있다. 오직 13.0%만이 아랍 주민들을 위해 남겨진 토지다(홍미정, 『팔레스타인 땅, 이스라엘 정착촌』, 130, 134, 135, 137쪽).

　세계인권선언에는 모든 개인이 자유롭게 자신의 나라를 출입할 수 있는 권리가 보장되어 있다. 또한 제4차 제네바 협정 27항은 어떠한 상황에서도 점령 세력은 피보호민들의 습관과 풍속을 존중하라고 요구한다. 물론 여기에는 이동의 자유도 포함되어 있다. 그러나 이스라엘의 폐쇄정책 때문에 팔레스타인인들은 이러한 권리를 행사할 수 없게 되었다. 오슬로 기간 동안에 폐쇄 조치는 오히려 강화되었고, 점령지 안팎으로 팔레스타인의 상품과 사람들의 자유로운 이동이 금지되었다. 이스라엘 군대는 허가증과 신분증을 발급하고, 점령지 전역에 분산된 270개 이상의 군대 검문소들에서 폐쇄 조치를 실행했다. 팔레스타인 지역의 폐쇄는 이스라엘의 안보 이익을 보호한다는 명분 아래 정당화되었다. 폭탄이 투하되거나 군사 공격이 있은 후 그리고 주요한 이스라엘 휴일 동안에 이스라엘 군대는 검문소를 폐쇄했다. 이로 인해 약 350만의 팔레스타인인들이 일거에 이동의 자유를 박탈당했다. 팔레스타인인들이 자신들의 지역 내외로 이동하기 위해 이스라엘 보안 당국으로부터 허가를 받아야 했다. 동시에 폐쇄는 팔레스타인인들에 대한 이스라엘의 경제적·군사적 지배를 강화하여 2000년 봉기 동안에 팔레스타인 마을과 도시들에 대한 이스라엘 군대의 포위를 용이하게 만들었다. 관통도로와 정착촌은 점령지 전역에서 이스라엘인들과 팔레스타인인들을 분리시키면서 인종차별 정책을 성공적으로 실행하기 위한 필수적인 토대가 되었다. 협상 과정의 끝자락에서 마침내 이스라엘의 협상 목표를 분명히 깨닫게 된 팔레스타인인들은 견딜 수 없는 고통과 미래에 대한 상실감에 직면하게 되었다. 결국 2000년 9월 28일 팔레스타인인들의 민중 봉기인 인티파다가 발발했다. 이는 팔레스타인 독립국가의 수립을 저지하고 팔레스타인 전역에서 지배권을 확고히 뿌리내리려는 이스라엘의 변함없는 의도와 그 구체적 실천 행위인 정착촌 건설에 대해 팔레스타인인들의 분노가 결국 표면 위로 분출된 것이다(홍미정, 『팔레스타인 땅, 이스라엘 정착촌』, 154~155, 171쪽).

2000년 9월 28일 리쿠드당 당수인 아리엘 샤론이 군 병력의 호위 속에 이슬람교의 성지인 알 악사 사원을 강제로 방문했다. 동예루살렘도 이스라엘 땅이라는 것을 확실히 알리기 위한 계산된 행동이었다. 샤론의 이런 행동은 동예루살렘을 팔레스타인 독립국가의 수도로 하겠다는 팔레스타인인들의 정치적 의지를 꺾으려는 의도에서 나온 것이었고, 그로써 샤론은 2001년 2월의 총선에서 승리할 수 있었다. 이스라엘은 미국이 테러와의 전쟁을 선언하자 마치 이스라엘 자신이 테러 공격을 받은 것처럼 미국의 대테러 전쟁정책을 팔레스타인 탄압 정책으로 이용했다. 샤론 총리가 알 악사 사원을 강제로 방문하면서 팔레스타인인들의 분노를 폭발시켜 야기된 팔레스타인 민족 봉기를 샤론 총리는 이스라엘에 대한 팔레스타인의 무자비한 테러 행위라고 규탄하면서 가혹한 군사적 침공을 시작했다. 이스라엘은 팔레스타인의 자살테러 공격에 대한 대응을 피의 보복적인 공격으로 확대하다가, 2002년 3월 27일 팔레스타인의 자살폭탄테러 사건을 기점으로 팔레스타인 자치지역을 침공, 점령했다. 유대인의 명절인 유월절이었던 이날, 네타냐의 한 관광호텔 식당에서 팔레스타인의 자살테러 공격으로 이스라엘인 20여 명이 사망하고 100여 명이 부상하는 최악의 테러 사건이 발생했다. 이는 이스라엘에 팔레스타인을 침공할수 있는 명분을 준 사건으로 이스라엘 국민에게 뉴욕 테러와 같은 충격을 안겨 주었다. 이런 상황에서 이스라엘군은 테러 기반시설을 제거한다는 명분을 내세워 팔레스타인 자치지역에 대해 무자비한 공격을가할 수 있었다. 3월 29일부터 공격을 시작한 이스라엘군은 예리코 시를 제외한 전 팔레스타인 자치지역을 한순간에 점령했다. 팔레스타인침공 과정에서 이스라엘군이 특히 베들레헴의 예수 탄생 교회에 피신한 200여 명의 팔레스타인 보안군과 민병대를 공격하자 전 세계 그리스도교 사회는 물론 로마 교황청까지 이스라엘군의 전면 공격을 비난했다. 또한 팔레스타인 제닌 난민촌 학살 사건은 유엔과 국제 인권단체들의 분노를 사서 유엔은 2002년 4월 20일 진상을 조사하기 위한 결의안을 통과시켰다. 국제 여론이 비난으로 들끓자 샤론 정부는팔레스타인 지역에서 일시적으로 군대를 철수시킬 수밖에 없었다. 제닌 난민촌은 웨스트 뱅크 북부에 위치한 인구 1만 5000명에 면적이 $1km^2$ 남짓한 팔레스타인 난민촌이다. 샤론 총리는 이스라엘에 대한 테러의 온상이라는 이유로 이 난민촌을 2주간 공격해서 초토화시켰으며, 그 과정에서 수천 명이 학살된 것으로 알려졌다. 이곳을 방문한 미국의 중동 담당 국무부 차관보인 윌리엄 번스는 그 참상을 보고 '인간

비극'이라고 표현했다. 이스라엘은 유엔의 학살 진상조사단 자료가 전쟁 전범 소송자료가 될 수 있다는 판단 아래 유엔 진상조사단의 조사 활동을 방해하기도 했다. 제닌 학살 사건은 예수 탄생 교회 공격과 함께 테러 근절과 자위권을 내세워 팔레스타인 지역을 침공한 이스라엘의 공격 명분을 상실하게 만들었다. 이 사건은 미국으로 하여금 이스라엘 측에 팔레스타인 지역에서 군대를 철수하라고 강력히 요구하게 하는 계기가 되었다. 샤론 총리는 레바논 전쟁을 이용해서 아라파트의 군사조직을 붕괴시켰으며, 미국의 대테러 전쟁을 이용하여 팔레스타인 경찰 병력을 와해시켰다(홍순남, 「이스라엘의 팔레스타인 침공, 어떻게 볼 것인가?」, 449, 453~455쪽).

2002년 6월 24일 미국 대통령 조지 부시는 로드맵을 구상하는 유명한 연설을 했다.

부시는 이스라엘과 나란히 평화롭고 안전하게 존재할 수 있는 독립적이고, 민주적이며, 생존 가능한 팔레스타인 국가의 창설이라는 영구적인 해결을 위한 미래상을 제시했다. 부시는 팔레스타인 국가의 창설을 이스라엘의 안보를 위협하는 팔레스타인인들의 자살폭탄 공격을 끝낼 수 있는 대안으로 간주했다. 후에 이 개념은 로드맵의 형태로 구체화되었다. 로드맵은 부시가 주관하고 이스라엘 총리 아리엘 샤론과 팔레스타인 초대 총리 마흐무드 압바스가 참석한 아카바 정상회담에서 2003년 6월 4일 공식적으로 제기되었다. 로드맵 1단계는 팔레스타인인들의 무장 공격의 무조건 중지와 광범한 정치개혁을 강조했다. 동시에 2차 인티파다의 발발 시점인 2000년 9월 28일 이후 점령한 팔레스타인 지역으로부터 이스라엘이 철군할 것과 이스라엘 정부가 2001년 3월 이후 건설한 전초기지들을 즉시 제거할 것, 정착촌의 자연적인 팽창을 포함하는 모든 정착촌 활동을 동결하라고 요구했다. 그러나 대다수 팔레스타인인의 지지를 받고 있는 모든 팔레스타인 무장단체의 완전 해체를 요구하는 로드맵의 1단계를 정상적이며 합법적인 방법을 통해 성취한다는 것은 불가능하다.

또 로드맵 보류 조항 5는 다음을 규정하고 있다.

임시 팔레스타인 국가의 성격은 팔레스타인 자치정부와 이스라엘 사이의 협상을 통해서 결정될 것이다. 임시 국가는 임시 경계와 제한된 주권을 갖게 될 것이고, 오직 제한된 영역과 장비만 갖춘 경찰과 내부 보안대만을 유지하며 군대 없이 완전히 비무장화될 것이며, 방위 동맹이나 군사 협력을 수행할 권한이 없다. 이스라엘은 모든 주민들과 화물의 출입과 영공, 통신 매체들, 텔레비전, 라디오, 전화 등을 통제한다.

보류 조항 5는 로드맵이 제시한 '독립적이고, 민주적이며, 생존 가능한, 주권을 가진 팔레스타인 국가의 출현'을 완전히 불구가 된 임시 팔레스타인 국가로 전락시킴으로써 독립 팔레스타인 국가 수립의 가능성을 완전히 닫아 버렸다. 이 협상 기간에 노동당 정부와 리쿠드당 정부는 모두 점령지에 정착촌을 유례없이 광범위하게 확대 강화했다. 양대 정부는 협상 기간에 정착촌 지역을 이스라엘 영역으로 통합시킴으로써 다음의 목표들을 성취하려고 했다. 첫째 이스라엘이 웨스트 뱅크와 가자 지역을 영구히 통제한다. 둘째, 통합된 하나의 예루살렘은 이스라엘의 영구적인 수도이다. 결국 협상의 최종 목표는 팔레스타인 국가 수립이 아니었고 점령지를 이스라엘로 통합시키려는 시도였다(홍미정,『팔레스타인 땅, 이스라엘 정착촌』, 158~159, 161, 171쪽).

출구가 보이지 않는 가혹한 현실에서 종교는 개인들이 대응하는 방식에 또다시 더욱 중요한 역할을 하기 시작했다. 처음에 사람들은 무슬림형제단에 이끌렸지만 이 조직은 정치적으로 너무 모호해서 팔레스타인인이 처한 곤경에 대한 구체적인 해결책을 제공할 수 없었고, 따라서 그 대신 사람들은 뚜렷한 민족-종교적 의제를 갖고 등장한 하마스나 이슬람 지하드 같은 조직으로 고개를 돌리고 있다(파페,『팔레스타인 현대사』, 318쪽).

입수할 수 있는 가장 최근 자료에 의하면 이스라엘과 팔레스타인을 나누는 분리장벽의 길이는 약 700km(우리나라 38선 길이는 250km) 장벽의 10%는 8m 높이의 콘크리트벽으로 만들어졌다.

2011년 9월, 국제연합인도주의업무조정국OCHA: the United Nations Office for the Coordination of Humanitarian Affairs에 의하면 웨스트 뱅크로 들어가는 522개의 도로가 폐쇄되고 검문소가 설치되었다. 그런데 서안 지역에서 매달 평균 495개의 임시 검문소가 설치되었는데 이 숫자는 포함되지 않은 숫자이다. 베첼렘B'Tselem에 의하면 2013년 9월 웨스트 뱅크 안에는 99개의 고정된 검문소가 있었고 174개의 임시 검문소가 설치되었다. 2013년 8월에는 288개의 임시 검문소가 조사되었다(http://en.wikipedia.org/wiki/Israeli_checkpoint).

　이스라엘 내에서 선교 활동은 금지되어 있다. 1996년 말 '샬롬'이라는 그리스도교 선교용 우편물이 약 100만 부가량 유대인 사회에 배포되었다. 이에 발끈한 유대인의 종교 지도자들은 이스라엘 내에서의 선교 활동을 강력히 금지하게 되었다. 이를 빌미로 개종을 유도하거나 개종시키기 위해 돈이나 이에 상응하는 물건을 제공하는 자는 누구든지 5년 이하의 징역에 처하고, 개종을 약속하는 자는 3년의 징역형에 처한다는 법률을 제정하게 된다(김종철, 『이스라엘 : 평화가 사라져 버린 5,000년 성서의 나라』, 223쪽).

【4장】
종교와 종교 사이 넘어 하나의 희망
여성들의 평화를 위한 연대

여러 가지 어려운 상황에서도 팔레스타인과 유대인 여성들은 평화를 위한 연대활동을 하고 있다. 각자 서 있는 자리가 다른 데서 오는 견해와 입장 차이로 균열의 위기가 있지만 평화를 지키려는 마음으로 서로를 이해하고 의견을 좁혀 가고 있다. 나는 여기에서 하나의 희망을 본다.

1987년 시작된 제1차 인티파다 이후 이스라엘 여성들의 반점령운동이 비약적으로 발전했으며 많은 여성단체와 네트워크들이 순차적으로 등장했다. 현재 위민인블랙Women in Black과 일곱 개 여성단체들이 '평화를 위한 여성연맹'을 결성해 연대활동을 벌이고 있다. 팔레스타인과 이스라엘의 반목과 적대를 거부하며 이에 저항해 온 이 여성들은 독특한 성격을 띠는데, 이들은 서로 다른 세 정체성 그룹, 말하자면 이스라엘 유대인, 이스라엘이 점령한 지역에 사는 팔레스타인인, 그리고 팔레스타인계 이스라엘인, 곧 이스라엘 내에서 시민으로 사는 팔레스타인인을 대표한다. 위민인블랙을 포함한 여성연맹의 여덟 개 회원 단체 가운데 유대인과 팔레스타인인을 연결하는 데 가장 많이 힘을 쓰는 단체는 바로 밧샬롬Bat Shalom(평화의 딸, 1994년 설립)이다. 밧샬롬의 실제 사업기획들은 유대인 정착 프로그램과 분리장벽의 건설을 반대하는 데 초점이 맞추어져 있으며, 이러한 사업들을 통해 장차 예루살렘이라는 도시는 공유될 것이라는 것, 곧 이스라엘 수도와 궁극적으로 팔레스타인 수도가 나란히 세워질 것이라는 청사진을 지속적으로 부각시킨다(코번, 『여성, 총 앞에 서다』, 215, 223, 225~227쪽).

2002년, 아리엘 샤론 치하 이스라엘 정부는 라말라와 베들레헴, 나불루스, 웨스트 뱅크에 26피트 높이의 콘크리트벽을 쌓기 시작했는데, 그 길이가 420마일에 이르는 장벽이 됐다. 이스라엘 정부는 이 벽을 '방어벽'이라 부르는 반면, 이를 반대하는 사람들은 '분리장벽' 또는 '인종차별의 벽'이라 부른다. 이 공사에는 2002년 7월부터 총 34억 달러, 약 4조 원에 해낭하는 돈이 들어갔다. 분리장벽은 사실 그동안 이스라엘이 팔레스타인 자치지역에 그 전에 세워 놓았던 철조망에 비하면 눈으로도 바깥세상을 볼 수가 없는 완전히 차단된 구조이다. 이스라엘 정부가 공언한 바에 따르면 '방어벽'의 목적은 이스라엘로 자살폭탄자들이 유입하는 것을 예방하기 위한 것이다. 그러나 이 벽과 함께 팔레스타인 사람들에게는 사용이 금지된 새로운 도로도 함께 건설됐고, 웨스트 뱅크 내 군사 검문소도 더욱 빈번히 사용되기 시작했다. 이 장벽은 유대인의 정착민들을 둘러쌈으로써 그들을 연결하고 보호하며, 미래의 유대인 정착부지를 개간하고, 따라서 장차 팔레스타인의 기능을 약화시키고자 고안됐다는 것이다. 더구나 장벽의 노선이 그린 라인 위에 있지 않고, 많은 경우 그린 라인 내부에 있기 때문에 장벽 설치는 유엔 결의안 242호를 무시하고 웨스트 뱅크의 일부를 영구적으로 통합하기 위한, 사실상 이스라엘의 국경을 재설정하는 작업이다. 장벽을 건설하면 이동 제한이 한층 강화되고, 그리고 많은 사람의 주거지가 그들이 일하는 농지나 올리브 나무에 접근하기 어렵게 분리되어 팔레스타인 주민들을 분열시키고 그들의 경제생활을 파탄시킨다. 국제형사재판소와 유엔총회는 이 장벽의 건설을 비난했다. 제2차 인티파다는 이스라엘 내부 반점령운동의 성격을 크게 변화시켰다. 그중 한 단체는 2000년에 형성된 타아유쉬로, 인종차별과 분리의 벽을 깨고 아랍-유대의 순수한 파트너십을 형성함으로써 점령을 종식시키고자 활동하는 아랍인과 유대인의 풀뿌리 운동 조직이다. 또 다른 단체는 아나키스팀네게드하가델인데, 약 100명 정도로 구성된 반권위주의 모임으로 분리장벽에 대항하는 항의 집회를 정기적으로 조직했다(김종철, 『이스라엘 : 평화가 사라져버린 5,000년 성서의 나라』, 300, 302, 311~312쪽; 코번, 『여성, 총 앞에 서다』, 220~223쪽).

그럼 여기에 이 분리장벽이 팔레스타인인들에게 얼마나 심리적인 위화감을 주며 고통을 주는지 내가 직접 만난 여성의 경험을 소개하겠다.

히바는 나자로의 무덤이 있는 베타니아(아자리아)에 있는 아랍은행에서 일하고 있다. 본래 집은 아자리아, 웨스트 뱅크에 있다. 웨스트 뱅크에 사는 사람들은 예루살렘에서 들어오기가 힘들다. 이스라엘 신분증이 없기 때문이다. 히바는 남편이 예루살렘 영주권을 가지고 있어 예루살렘에서 가족과 같이 살고 있지만, 1년 허가증의 기간이 끝나면 다시 허가를 받아야 한다. 예루살렘에 살면 의료보험 혜택이 있다. 그러나 웨스트 뱅크에서 살면 무효가 된다. 힘들어도 예루살렘에서 살아야 한다. 남편은 웨스트 뱅크 라말라*에 있는 아랍은행에서 일하는데 남편의 직장은 히바가 일하는 곳과 정반대 쪽이다. 남편은 아침에 부인을 먼저 아자리아에 데려다 준 후 아이는 유치원에 맡겨 놓고 일터에 간다.

아자리아에는 히바의 가족들이 살고 있다. 아버지는 돌아가셨고 어머니가 살아 계신다. 세 명의 자매와 두 명의 형제가 있는데, 한 명은 미국에 살고 있다. 그들은 웨스트 뱅크 주민증을 가지고 있고 중간에 검문소가 있어 예루살렘에 올 수 없다.

히바는 가끔 만일 웨스트 뱅크에서 결혼했다면 좁은 생활반경으로

---

* 예루살렘에서 라말라로 바로 가는 교통편은 아무것도 없는 셈이다. 왜냐하면 라말라는 다른 세상과는 완전히 분리되어 있는 또 다른 세상이다. 그래서 예루살렘과 라말라 마을 입구에서 모든 사람이 내린 다음 이스라엘 군인이 지키는 검문소를 통과해야 한다. 물론 그 검문소는 라말라로 들어가는 사람들은 검문하지 않고 라말라에서 나오는 사람들만 검문한다. 라말라는 약 3만 명 정도가 사는 제법 큰 도시인데, 그 도시 전체를 높이 8m의 높은 콘크리트 장벽으로 둘러치고 곳곳에 초소를 세워 놓은 것이다. 그곳 사람들은 오로지 이 검문소 하나만을 통해 외부와 연결이 가능한 것이다. 수백 명의 사람이 라말라에서 나오기 위해 줄을 서서 기다리다가 한 사람씩 이스라엘 군인 앞에 가면 팔레스타인 사람들에게만 지급되어 있는 신분증을 보여 준다. 그럼 이스라엘 군인은 팔레스타인 사람에게 "어딜 가려는 거냐?", "왜 가려는 거냐?" 등을 묻고 조금이라도 이상한 느낌이 들면 옆으로 빼낸다(김종철, 『이스라엘 : 평화가 사라져버린 5,000년 성서의 나라』, 302쪽).

답답했겠지만 가족들과 함께 살 수 있어 생활이 나았을지도 모른다고 생각한다. 허가증은 의사가 예루살렘에 가서 치료를 받아야 한다는 편지를 써 줘야만 받을 수 있다.

"내가 결혼한 지 4년 되었는데 어머니는 아프셔서 병원에 가기 위해 두세 번 방문했다. 아자리아에는 조그만 보건소 같은 병원이 있어서 예루살렘에 있는 큰 병원에 가려면 보건소에 있는 의사가 소개서를 써 줘야 한다. 수술하게 되면 머물 수 있는 기간은 길어지지만 그렇지 않으면 하룻밤에 허가하지 않는다. 나는 매일 아자리아로 출근하기 때문에 매일 방문할 수 있다. 하룻밤 묵을 수도 있다.

아자리아에서 나오지 않고 그 안에서만 살고 있을 때는 몰랐는데 검문소를 지날 때마다 이스라엘 군인들이 팔레스타인인들에게 소리칠 때 화가 난다. 예루살렘으로 돌아올 때 그 사람들은 우리가 기계를 통과하게 한다(공항의 검색대와 같은). 아무것도 없는데도 항상 그곳을 지나가게 한다. 나는 둘째 아이 임신 중일 때 그들에게 그 기계를 통과하지 않겠다고 이야기했다. 갈 때, 올 때 두 번 통과해야 하는데 통과할 때마다 계속 쇠붙이가 있으면 삑 소리가 나는데 아이에게 좋지 않을까 봐 걱정되었다. 가끔은 나를 방에서 검사할 때도 있었다. 그냥 외모만 검사할 때도 있었다. 군인에게 갈 경우 임신 중이니 X-Ray 검사기 같은 그것을 통과 안 했으면 좋겠다고 말하면 어떤 군인은 그냥 믿어 주는데 어떤 군인들은 꼭 검사를 받게 한다. 첫 번째 임신 때는 그곳을 통과하지 않았다. 그때는 다른 길로 다녔고 우리는 우리 여권을 주지 않아도 되었다. 지금은 그 길을 폐쇄하여 그 길을 이용할 수 없다. 또 그때는 공항 같은 검색대가 없었다. 둘째 아이는 만 9달이 지나 제일 마지막 달에 사산되었다. 의사들이 이유를 모른 다고 했다. 출근길 아침저녁 지나야 했던 검색대의 영향이 아닌가 생 각한다. 다른 사람들도 그렇게 생각하였다. 언니와 내 아들이 같은 날 밤에 2시간 차이로 죽었다. 나는 언니를 보지도 못했다. 아이는 사산 하고 언니는 45세에 암으로 같은 날 그렇게 갔다. 쇼크였다. 내 생에 정말 어려운 일이었다. 언니 죽기 1년 전에 아버지도 역시 68세에 암 으로 돌아가셨다. 아자리아의 많은 사람이 암에 걸린다. 둘째 아이를 가지려면 검색기를 통과하지 않아도 되도록 뭔가를 준비해야 할 것 같다. 검색기를 통과하지 않아도 되면 그때 아이를 가지려 한다.

웨스트 뱅크 안에 사는 사람들은 경제적으로 굉장히 어렵다. 물가 는 비싸고, 수입도 적고 오로지 기초 생활만 할 수 있는 정도다. 월급 도 적게 받는다. 서안 지구뿐만 아니라 예루살렘도 그렇다. 팔레스타 인인은 비용이 저렴한 학교로 아이들을 보낸다. 그래도 우리는 희망 을 품고 기다린다. 그곳에서 간호사들이 1000세켈 정도를 받는다면 여기서는 4000세켈 정도 받는다. 월급 차이가 이렇게 많이 나기 때문 에 검문소를 매일 통과하고, 수모를 당하는 것이 돈 때문에 어쩔 수 없다. 우리로서는 예루살렘이 아닌 그곳에서 일하는 것에 선택의 여 지가 없었다. 그래도 아랍 은행의 월급은 아주 좋은 편은 아니지만 괜 찮다. 가끔 나는 아들의 미래를 위해 힘을 키워야 한다고 이야기하지 만 가끔은 포기가 된다. 내 생각에 아들 때에는 모든 것이 더 힘들 것 같다. 가끔 나는 이스라엘이 아닌 다른 나라로 가고 싶다. 그러나 우리는 그렇게 할 수 없다. 아들 때문에라도……. 이스라엘 정부가 사실상 그런 마음을 갖고 다 떠나기를 바라는 것이다.

우리도 다른 사람들처럼 살고 싶다. 무서워하지 않고……. 우리는 아직도 신을 믿고 있고, 미래에 우리를 도울 것이라고 믿는다. 그리고 우리를 구원해 주실 것이다. 이생이 아니면 그 후에라도. 모든 사람이 다 죽은 후에라도 우리를 구원할 것이다. 그러므로 우리는 참고 인내해야 한다. 나는 내 아이를 위해서, 내 가족들의 평안한 삶을 위해서, 특히 어머니를 위해서, 그리고 언니들을 위해서, 그리고 모든 팔레스타인 사람들을 위해서 매일 기도한다."*

나도 검문소를 지나간 적이 있다. 검문소에서 하염없이 기다리는 긴 줄을 보았다. 나는 외국인이어서 쉽게 오고 갈 수 있었다. 아니면 운이 좋았던지……. 어떤 팔레스타인 시인이 자기 삶의 3분의 1은 길에서 기다리면서 보냈다고 쓴 글을 읽은 기억이 난다.

분리장벽 반대운동을 해 온 몰리는 경계선을 넘나드는 일은 점점 더 어려워진다고 말한다.

"12년 동안 팔레스타인 사람들과 함께 일해 왔지만, 이제 처음으로 분리장벽을 넘는 일이 두려워졌어요. 그런데도 나는 이 일을 계속해요. 이 일은 장벽으로 우리를 갈라놓으려는 시도에 대해 '아니요'라

* 히바(4살 된 아들과 남편이 있다.) 때: 2010년 7월 2일, 장소: 이스라엘, 벨하니나 히바의 집

고 말하는 저항 행동이에요. 여성으로서, 그리고 페미니스트로서 우리는 봉쇄된 벽 뒤에 갇혔다는 것이 어떤 것이라는 점을 너무나 잘 알아요"(코번, 『여성, 총 앞에 서다』, 228~229쪽).

그러나 밧샬롬이 결성된 후 10년이 흐르는 동안 몇 차례 활동이 중단된 위기의 순간들이 있었다. 그러나 결국 대화를 재개했다. 유대인과 팔레스타인인 사이의 우정은 근본적 불평등에 의해 계속해서 침해받는다. 심지어 밧샬롬과 예루살렘 링크라는 환경 속에서조차 유대인 여성들은 때때로 감정이 복잡해지고 망설이게 된다. 그러나 대부분의 여성은 서로가 갈라설 경우 이스라엘인이나 팔레스타인인으로서뿐만 아니라 페미니스트 여성으로서 잃을 것이 많다는 것을 안다. 예루살렘에 사는 팔레스타인계 이스라엘 여성들은 경계선 양쪽에 사는 사람들을 연결하는 데 도움을 준다. 경계선의 어느 쪽에 살든 팔레스타인인들은 '나크바, 대재앙'의 상처를 공유한다. 이스라엘에서 팔레스타인인들이 군사 통제 하에 비참하게 지내던 초반에는 점령지 사람들과 그들이 함께 억압받는다고 느꼈다. 그러나 첫 번째 인티파다 농안 팔레스타인계 이스라엘인들은 적극적으로 가담하지 않았다. 또한 유대인들과 지속되는 불평등에도 일부 팔레스타인계 이스라엘인이 이스라엘의 번영에서 이익을 얻게 됨에 따라 점령지 사람들은 두 집단 사이의 차이를 느끼기 시작했다. 그러나 제2차 인티파다는 그린 라인 양쪽의 팔레스타인인들을 한데 불러 모았다(코번, 『여성, 총 앞에 서다』, 232~240쪽).

여성은 이스라엘과 점령지에서, 유대교나 기독교, 무슬림 문화 모두에서 불이익을 받는 주변적 존재이다. 그들은 여성으로서 성 특정적인 방식으로 무력 분쟁을 경험한다. 그러나 그들은 서로 다른 상황에서 경험하고 각기 다양한 방식으로 저항한다. 팔레스타인인 라나는 일부 유대 여성 운동가들의 인식을 규정해 온 특정한 페미니즘적 사고를 경계한다. 서구 페미니스트들은 강간을 규탄하지만, 점령의 문제에 관해서는 모호한 태도를 취한다는 것이다. 라나는 점령 그 자체도 강간이기 때문에 강간을 규탄하고자 한다면 점령도 규탄해야 한다는 것이다(코번, 『여성, 총 앞에 서다』, 241~243쪽).

나디아는 이렇게 말한다. "검문소를 보면 나는 이른바 페미니스트가 될 수 없습니다. 이스라엘 군인들은 팔레스타인 남자나 여자나 똑같이 취급하죠. 차라리 나는 민족이라는 시각에서 그 장면을 보게 되지요. 우리는 남자, 여자 할 것 없이 모두 고통을 겪어요. 검문소에 있는 이스라엘 여성 군인들을 어떻게 내 자매들이라고 부를 수 있겠어요?"(코번, 『여성, 총 앞에 서다』, 243쪽)

이처럼 때로 팔레스타인 여성들에겐 이스라엘 여성과 페미니즘에 관해 이야기하는 것은 피상적인 것이 될 수밖에 없다. 그들은 이스라엘 여성들보다는 팔레스타인 남성과 더 많은 공통점을 갖기 때문이다.

팔레스타인계 이스라엘 사람들은 이론상으로 이스라엘 시민이다. 그러나 기본적으로 그리고 공식적으로 유대인들의 국가인 이스라엘에서 그들은 사실상 온전한 시민의 지위를 갖지 못한다. 이스라엘 내 팔레스타인 사람들에 대한 심각한 차별 양상은 몇 가지 형태로 나누어 볼 수 있다. 우선 소유지와 관련된 것이다. 많은 팔레스타인 사람들이 1948년에 강제로 이주하거나 토지를 강탈당했지만, 여전히 그들은 재산을 되찾거나 정해진 지역 밖의 토지나 건물을 살 수 없게 되어 있다. 유대인들에게 군 복무는 시민의 지위를 인정받는 통과의례의 하나이지만 팔레스타인 사람들은 거기에서 제외된다. 또한 팔레스타인 사람들은 이스라엘에서 문화적 주변화를 경험한다. 아랍어는 이스라엘의 두 공식 언어 가운데 하나이지만, 아랍어 사용은 장려되지 않는다. 유대인 아이들은 학교에 다니는 동안 아랍어를 배우지 않는다. 텔레비전 프로그램은 이스라엘 국가 내에 아랍 문화가 존재한다는 사실을 거의 인정조차 하지 않는다. 경제적 차별도 존재한다. 팔레스타인인과 유대인이 함께 섞인 단체는 얼마 되지도 않지만, 그곳에서 팔레스타인계 사람들은 마치 남성 중심 조직에서 여성들이 겪는 것과 똑같은 차별을 경험한다. 아무리 능력이 있어도 무시당한다. 어떤 팔레스타인계 이스라엘인은 "내 아들은 내 아버지 때와는 다른 상황에 있기를 바라면서 나는 유대인들과 함께 일해요. 내 아버지는 그들을 증오했지만, 내 아들은 밑에서 올려다보는 것이 아니라, 자신의 능력에 걸맞는 지위에서 그들을 바라볼 수 있기를 바랍니다"라고 말한다(코번, 『여성, 총 앞에 서다』, 245~246, 248쪽).

이러한 어려운 상황들을 극복하고 여성들이 함께 일하기 위해선 팔레스타인 여성과 유대 여성 양쪽 모두 각자의 공동체에서 더욱더 열심히 일해야만 했다. 이제 밧샬롬은 팔레스타인인들과 유대인들의 관계와 회원 수가 더욱 대등해진 활동본부가 됐다. 그들은 '잊히고'

'사라져 버린' 팔레스타인 마을들을 돌아보는 버스 기행을 조직했다. 무엇보다도 이 프로그램은 극심한 빈곤에 시달리는 팔레스타인 마을을 난생처음 보는 유대인들의 마음을 뒤흔들어 놓았는데, 이를 통해 그들은 팔레스타인 마을의 황폐함이라는 토대 위에서 이스라엘 키부츠가 번영하고 있다는, 곧 자신들의 번영은 팔레스타인 사람들을 착취하는 데 기반을 둔 것이라는 현실에 직면하게 된다. 최근 그들이 진행하는 프로젝트는 근교 팔레스타인과 유대 지역 젊은이들에게 인터뷰 방법을 교육시키는 일이다. 훈련을 통해 젊은이들은 친인척 여성 노인들이 기억하는 '1948년에 일어난 일'을 기록할 수 있게 된다. 또한 두 집단의 아이들이 모여 그러한 증언들을 바탕으로 한 연극도 함께 준비한다(코번, 『여성, 총 앞에 서다』, 252~253쪽).

　이스라엘 페미니스트 반군사주의 단체인 뉴프로파일은 이스라엘의 군사주의화에 대한 글에서, 군사주의는 '타자화'를 중심축으로 진행되어 온 과정이었다고 설명한다. 이스라엘 정부는 두 가지 이미지의 전략에 집중했다. 하나는 상대방을 위협적인 적의 모습으로 만들어 유지함으로써 그들이 '유일한 세력으로 보이게' 만들고, 또 한편으로는 아무런 방어 능력이 없는 수동적인 '여성과 아이들'의 이미지를 만들어 이들을 보호한다는 명분 하의 국가 폭력을 정당화시킨다는 전략이었다는 것이다. '적군'과 '여성과 아이들'은 군사주의가 만들어 낸 '타자'들로서, 자기 전쟁을 정당화하고 남성 엘리트들의 패권을 유지하는 데 이용된다고 지적한다(코번, 『여성, 총 앞에 서다』, 259쪽).

　이스라엘에서 내가 인터뷰한 여성들의 공통적인 바람은 전쟁 없는 세상이었다. 전쟁은 어떠한 명분으로도 정당성을 얻을 수 없다. 내가 희망을 물었을 때 "더 이상 우리 아이들을 땅에 묻고 싶지 않다. 모든 중동 지역의 아이들을 전쟁 없는, 적대감과 증오 없는 세상에서 키우고 싶다"고 간절한 얼굴로 이야기하던 유딧의 이야기를 소개한다.

유딧Yudith Rosenthal은 유대인이자 이스라엘 외무부 소속으로 학교, 사회집단의 (어린이, 청소년, 성인들을 상대로) 협동훈련을 전문으로 하는 센터의 센터 장The Aharon Ofri International Training Center Director으로 일하고 있다. 아프리카 문화와 인류학을 전공했다. 유딧의 부모님은 시온주의자로서 언제나 이스라엘에 오기를 희망했으며 유딧이 12세에 볼리비아로부터 이스라엘에 정착했다. 유딧은 이스라엘에 정착한 후 적응 과정을 떠올리면 이스라엘이 건국되는 데 일원으로서 참여하고 있다는, 나라를 사랑하는 마음이 어린 나이에도 있었다고 기억한다. 나는 유딧과 만나 부모님 세대와 유딧의 교육 방침의 차이짐, 유대교·그리스도교·이슬람교의 갈등, 유대인과 팔레스타인 문제의 해결점과 공존의 가능성은 무엇인지를 이야기했다. 유딧은 남성성보다는 여성성, 평범한 어머니들이 갖는 평화 유지적인 성향이 갈등을 극복하는 데 구심점이 되어야 하며 많은 여성의 연대가 필요하다고 강조했다.

제 생각으로는 눈높이를 낮추어 보통의 평범한 사람들 편에서 보면 함께 일하고 공존하는 길이 있다고 생각합니다. 그리고 자녀를 양육하고, 교육시키고, 아이들을 먹이는 단순한 보통의 어머니 입장에서는 적도 없고 갈등도 없습니다. 이러한 갈등은 남성들에 의해 만들어진 것입니다. 일찌감치 이 모든 것이 여성의 손에 달려 있었다면 정말로 평화는 진작에 와 있었을 것입니다. 불행히도 현재의 사정이 그렇지 못해 저는 무척 슬픕니다. 물론 누가 무엇을 가졌는지 또는 누가 더 많은 세력을 가지고 있는지를 알기 위해 우리가 어마어마한 자산과 시간, 에너지, 그리고 생명과 사랑을 낭비하고 있는 것을 보면 슬픕니다. 또 가끔 제가 아무것도 할 수 없다는 사실에 마음이 상합니다. 그럼에도 오늘날 미미한 변화가 있습니다. 여성들이 점점 더 많은 평화의 동아리, 기여의 고리들을 만들어 가며 다른 방식의 삶, 다른 삶을 보는 관점을 찾고 참여하며 조금씩 발전해 나가고 있습니다.

하지만 아직도 할 일은 너무도 많습니다. 다시 한 번 불행하게도 일을 이끌어 가는 세력들은 정치적·경제적인 관심에만 중점을 두고 인간에 대해서는 관심을 소홀히 한다는 사실이 슬픕니다. 저는 현재 진행 상태에 동의하지 않습니다. 표면화된 것들, 예 아주 많아요. 아, 우린 여러 가지 일들을 팔레스타인 사람들과 이스라엘인들이 같이 하고 있습니다. 또 그리스도교인, 유대교인과 무슬림들이 여러 가지 일을 함께하고 있습니다. 다른 시각이나 방법을 통해 약 서너 개의, 어떻게 호칭해야 할지 잘 모르겠습니다만 운동 혹은 조직 등이, 비정부조직 NGO이라고 명명할 수는 없고…… 부르진 않겠지만, 있습니다. 그런 모임이 있답니다. 요르단 같은 나라와는 국가 간에도 많은 조직이 있어서 활발한 활동을 하고 있습니다. 많은 여성 활동 등을 하는데, 예로 반전 여성조직, 반폭력 여성조직 등 종교와 국적이 다름에도 중동 지역에서 많은 여성 활동 동아리들이 만들어졌습니다. 물론 우리가 이라크나 이란 등지로 갈 수는 없어도 많은 기구가 있는 한편 불행스럽게도 여자와 어린아이들의 삶을 지배하는 근본주의자들도 여전히 많이 있습니다. 더욱 안타까운 것은 그들이 평화와 조화를 가르치는 사람들보다 훨씬 세력이 크다는 점입니다.

제발 우리들의 아이들을 묻는 것을 그만했으면 하는 바람입니다. 그게 저의 가장 큰 희망이고요. 우리가 아이들을, 이스라엘 어린이뿐만 아니라 모든 중동 지역의 아이들을 적대감과 증오 없이, 전쟁 없이 평화롭게 기를 수 있기를. 이게 저의 가장 진정한 희망입니다. 말로만 하는 평화가 아니라 진정한 평화, 가슴속에서 우러나는 사랑과 상대방을 존중할 줄 아는 참된 평화를 말입니다. 저와 제 가족을 위해서는 사랑이 있고, 일용할 양식도 있으면서 삶을 즐기는 것. 그게 제가 원하는 것입니다. 왜냐하면 재력이 세상이나 당신을 좀 더 나은 사람으로 만들어 준다고 믿지 않기 때문입니다. 중심 요점은 존경, 사랑 그리고 수용력입니다. 가까운 시일에 그렇게 되길 기원합니다.[*]

전쟁과 증오 없는 세상, 서로를 존중할 줄 아는 세상을 희망하면서 민족과 종교를 넘어 활동하는 여성들을 보면서 아렌트의 자유로운 인간을 떠올렸다. 자유로운 인간은 다른 사람과 함께 행위를 하면

---

[*] 유딧(Yudith Rosenthal), 때: 2010년 7월 1일, 대담장소: 유딧의 사무실(The Aharon Ofri International Training Center)

서 정체성을 획득하고, 인간의 자유를 실현하고 확대할 수 있는 공간을 만들어 간다. 우리가 자유의 공동체를 가꾸어 가면서 잊어서는 안 되는 인간 조건이자 자유의 전제조건은 '한 사람이 아니라 복수의 사람들이 지구에 거주한다'는 것을 잊지 않는 것이다. "인간의 본성은 다른 사람에게 하나의 인간이 될 수 있는 가능성을 열어줄 때에만 인간적이다. 인간 세계가 대단히 가변적이고 연약한 것은 사실이지만, 우리가 인간적 다원성 속에서 행위할 수 있으려면 이성적인 틀을 필요로 한다"(이진우, 「전체주의와 정치적 자유의 의미」, 아렌트, 『전체주의의 기원 1』, 24, 28쪽)라는 전체주의의 성찰을 통해 얻어 낸 아렌트의 인간 조건에 대한 인식은 많은 것들을 생각하게 한다.

유대인과 아랍인의 공동체

평화의 마을—네베 샬롬

몇 해 전 그리스, 터키, 이집트, 이스라엘을 방문할 기회가 있었다. 이스탄불의 해변에 있는 한 조그만 모스크에 들러 5시 기도회에 참석했다. 무릎을 꿇고 앉아 경건하게 기도하던 노인의 모습, 어린 손주의 손을 잡고 온 할아버지, 기도회가 끝나자 사제에게 손주를 소개하는 할아버지, 소개를 받고 머리를 쓰다듬어 주는 사제에게 존경의 눈빛을 보내던 소년을 기억한다. 이집트 카이로에서 볼 수 있었던 수피들의 춤, 30분 이상을 빙글빙글 춤을 추며 돌면서 평화스러운 기쁨에 충만한 얼굴로 신을 찬양하던 그들의 모습, 이스라엘 예루살렘 성안 예수가 처형당한 성당을 참배하며 눈물 흘리는 그리스도인들, 회당에서 경건하게 기도하던 유대인들의 모습을 기억한다.

모든 종교는 인간 생명이 축적해 놓은 인류의 소중한 유산들이다. 우리는 모두 다름을 그름으로 받아들이지 않고 서로를 겸허하게 인정하면서 참다운 역사적 종교들이 지닌 고유성과 각 종교 체험이 지니는 '절대적 궁극성'을 진지하게 보존하며 지켜가야 하지 않을까?

또 이러한 소중한 공동의 유산들을 인류의 평화를 위해 잘 지켜 나가야 하지 않을까?

결국 종교가 더욱 나은 공동의 삶을 위해 구체적으로 어떠한 역할을 수행할 수 있는가 하는 물음에 대한 답을 얻기 위해서는, 그리고 각 종교의 상이성에도 불구하고 폭넓은 만남을 지향하기 위해서는 삶의 진솔한 요구와 외침을 들을 줄 아는 자세, 즉 주위의 아픔과 고통을 외면하지 않고 삶의 현장 속에서 인간의 문제를 함께 해결하려는 열린 자세가 필요하다고 생각한다.

그리스도교 신학자 몰트만은 그리스도에 관해 전승된 것이 2000년 전 사건으로 머물지 않고 지금 나의 삶에 '현재화'될 수 있을 때 살아 있는 의미를 갖는다고 한다. 그리스도에 관해 전승된 것이 현재의 폭력과 부당한 고난에 대해 모순과 저항을 일으키는 것도 '현재화'에 속한다. 역사적 신앙에 대한 신학의 해석학적 과제는 구원의 신앙에 있어서 언제나 치유적인 과제도 포함한다. 신학의 '현재화'는 단지 현 시대정신에 적응하는 것일 뿐만 아니라 이 시대의 고통에 대한 참여와 그 고통의 근원에 대한 항의여야 한다. 그리스도에 대한 역사적 회상에 포함되어 있는 구원과 해방의 잠재력은 현재의 수난사에 참여하고 '현대 세계'에서 희생당하는 사람들 편에 설 때 비로소 분명히 드러난다는 것이다.

칸트에 의하면, '내가 무엇을 알 수 있는가'라는 질문에는 순수이성이 답한다. '내가 무엇을 해야 하는가'라는 질문에는 실천이성이 답한다. 세 번째 질문인 '나는 무엇을 희망해야 좋은가'에는 종교가 대답해야 할 것이다. 그러나 희망에 대한 이 같은 질문에 답하기 위해 신학은 종말론에 의거하여 구상되어야 한다. 피안의 하늘로 영혼이 구원된다는 전통적 가르침은 하늘과 땅을 새롭게 하는 하느님 나라의 미래에 관한 가르침으로 바뀌어야 한다. 피안에 대한 전통적 희망은 현세의 개혁과 변화에 대한 희망으로 보충되어야 한다(몰트만, 『오늘의 신학 무엇인가』, 9, 34쪽).

이것은 세 종교에 다 해당되는 내용이다. 전쟁으로 어린아이들이, 젊은이들이 죽어 가는 삶의 현장 가운데에서 모든 중동 지역의 아이들을 적대감과 전쟁과 증오 없이 평화롭게 기를 수 있기를 진정으로 희망하는 마음이 어찌 어머니들만의 마음이겠는가? 인간다운 삶을 박탈당한 현실의 모순과 고통을 헤쳐 나가기 위해 소수이지만 노력하는 사람들이 있어 희망의 끈을 놓지 않는다.

나는 두 번의 이스라엘 방문에서 꼭 보고 싶었던 것이 유대교, 그리스도교, 이슬람의 세 종교가 함께하는 공동체였다. 2002년에 이스라엘에서 만났던 신부님(무덤 성당에 있다)이 2010년에는 사람들도 소개해 주고 그곳 안내와 통역도 해 주었다. 2002, 2010년에는 내가 원하는 공동체를 찾을 수 없었다. 2013년 가을에 신부님으로부터 그런 곳을 찾았다고 연락이 왔다. 내가 직접 갈 수는 없고 신부님께 질문 내용을 보내 드리고 사진도 부탁했다. 인터뷰 내용으로 책을 마무리해도 좋을 것 같다.

이스라엘을 생각하고 팔레스타인을 생각하면 항상 가슴이 답답했다. 오랜 세월 유대인들이 겪어 온 이산의 아픔과 홀로코스트에서 당한 처절한 고통의 기억을 망각 속에 집어넣지 않는 것은 그 기억을 통해 다시는 그런 비극을 되풀이하지 않으려는 이유에서일 것이다. 그런데 그런 이산의 아픔과 고통을 팔레스타인 사람들이 그대로 당하고 있다는 현실에 나는 인간 존재 자체에 대한 회의에 빠지곤 했다. 전장에서 무방비 상태에서 죽어 가는 어린이, 노약자, 여성들에게 평화는 관념적이거나 추상적인 개념이 아니라 절실한 생존의 문제이다. 앞에 소개한 여성들의 활동에서, 아래 소개할 네베 샬롬Neve Shalom 공동체에서 종교와 종교 사이, 그 너머 희망을 볼 수 있어 다행이다.

네베 샬롬 마을의 창설자는 브루노 신부(도미니코회)입니다. 그는 이집트의 유대인 가정에서 헝가리 아버지와 프랑스 어머니 사이에서 태어났습니다.

카이로에 있는 이탈리아 학교에서 고등학교까지 수학했고, 프랑스로 옮겨 가 공부를 계속했습니다. 그러면서 프랑스에서 그리스도교를 알게 되어 그리스도교로 개종하기로 결심했고 후에 수도자가 되었습니다. 그의 생각은 사람들이 다른 배경들, 즉 다른 종교, 다른 피부색 등 모든 것들이 다를지라도 만약 그들이 평등하게 살 수 있다면, 그리고 그들이 다름을 존중할 수 있다면 함께 살 수 있다고 생각했습니다.

그의 첫 번째 '마을'에 대한 생각은 종교를 기반으로 하고 있었습니다. 그는 유대인과 그리스도인 그리고 무슬림들이 함께 평화롭게 사는 공동체를 설립하는 것이었습니다.

그러나 마을에 사는 사람들은 갈등(분쟁)이 종교 때문이라고 생각하지 않았습니다. 이곳 공동체에서 무슬림과 그리스도인 사이에 분쟁들이 생겨났습니다. 정치적인 갈등들이었지요. 그리스도인들과 무슬림들은 팔레스타인 사람들이었습니다.

그런 후 신부님은 깨달았습니다. 정치적인 분쟁, 종교적인 분쟁이 함께 있다는 것을 말입니다. 또한 그는 후에 참여하는 사람들 사이의 분쟁은 종교적인 문제점들, 그리고 서로 다름뿐만 아니라 정치적인 것들에 기인한다는 것에 처음부터 주안점을 두어 관심을 가지고 시작했습니다.

그래서 이곳에 일어나는 모든 것들은 이스라엘, 중동에서 일어나는 것과는 모두 정반대입니다. 이스라엘 유대인들과 아랍인들은 함께 살지 않고, 학교에서도 함께 공부하지 않고, 함께하는 것이 전혀 없습니다. 그래서 여기 있는 사람들은 스스로 선택해서 이곳에 와서 함께 살기로 결심한 사람들입니다. 브루노 신부님의 꿈이 시작된 것은 1970년대이고, 그는 라투룬 수도원에 땅을 사용할 수 있도록 임대를 요청해서 받았고, 그는 이곳에서 여러 해를 사람들이 함께해 주기를 기다려야 했습니다. 이곳은 처음엔 아무것도 없었습니다. 돌과 잡목들이 무성한 곳이었지요. 나무들도 없는…… 1970년대 초에 두 가족이 브루노 신부님의 뜻에 동참했고, 그의 계획에 따라 삶을 시작했습니다.

30여 년이 지난 오늘날 우리는 모두 60가구입니다. 정확하게 국적에 따라 반은 유대인, 반은 아랍인으로 나뉘어 있습니다. 물론 종교는 세 종교가 함께하고 있습니다.

그리고 1984년에 우리는 이스라엘에서 그리고 중동에서 첫 번째로 두 민족 두 언어 학교를 열었습니다. 즉 아랍인과 유대인이 같은 학교에 가고, 같은 책을 가지고 아랍어와 히브리어를 함께 공부하는 것입니다. 이것은 이스라엘에서는 전무한 경우입니다. 처음에는 마을 아이들만을 대상으로 하는 사립학교였는데 외부 사람들이 우리 학교에 아이들을 보내기를 원해서 얼마 지나지 않아서 외부 아이들에게도 학교를 개방했습니다. 그래서 오늘날 280명의 유대인과 아랍 아이들이 함께 아랍어와 히브리어를 공부하고 있습니다.

우리 마을에는 아이들이 많지 않기 때문에 대부분의 아이는 외부에서 옵니다. 외부에서 오는 학생들이 93% 이상입니다.

아이들을 이곳에 데리고 오는 것은 부모들의 결정이지요. 그렇지만 아이들은 기쁘게 공부하고 있습니다. 우리는 그들을 민족주의자가 되지 않도록 가르치고 있습니다. 당신이 어떤 환경 안에서 그들처럼 살 때 당신은 유대인들을 일반 사람들처럼 받아들이는 것이고 이것은 당신 삶의 일부분이 되는 것입니다. 그리스도인, 유대인과 아랍인들은 이방인들이 되고 그들은 당신의 삶이 됩니다. 이것이 우리가 아이들에게 교육하는 방법입니다. 그래서 그들이 나이를 먹고 성인이 되었을 때 다른 이들을 받아들이는 방법을 배우게 될 것입니다. 그들은 다른 사람들에 대해 입체적인 이해를 가지고 있지 않습니다. 그들은 더욱 마음의 문을 열고 다른 문화들을 받아들이면서 성장해 갈

그림 4 두 민족 두 언어 학교의 수업 장면

것입니다. 이것이 학교의 목적입니다. 이것은 지금까지 우리가 운영하고 있는 첫 번째이며 유일한 학교입니다.

이 마을의 이상은 온 세상을 바꾸고자 하는 것이 아니며, 다만 다른 이들과 두려움 없이 함께 사는 것이 가능하다는 것을 보여 주는 것뿐입니다. 다른 이들에 대해 배우고, 그들을 이해하고, 그들과 대화를 나누고 그러다 보면 그들도 우리와 같은 인간이라는 것을 알게 되는 것입니다. 이것이 함께 살고자 하는 이상입니다. 비록 우리가 매우 심각한 분쟁 안에서 살고 있지만 그들에게 평화롭게 살고 있다는 것을, 폭력과 전쟁에 반대해서 살 수 있음을 보여 주는 것입니다.

그동안 이스라엘 정부에서 도움을 받지 않았습니다. 지난해에 우리는 학교를 운영할 돈이 없었습니다. 그래서 학교를 폐교할 수 없어 우

그림 5 네베 샬롬에서 열린 컨퍼런스의 한 장면

리는 지난달부터 이스라엘 교육부 산하의 교육기관이 되기로 결정했습니다. 이제 정부에서 급여를 지불합니다. 앞으로 어떻게 될지는 모르지만 현재는 정부 산하의 교육기관(초등학교)이 되었습니다.

우리가 운영하는 초등학교 이외에 우리는 '평화의 학교'가 있습니다. 정식 학교가 아니라 하나의 교육기구입니다. 외부로부터 유대인들과 무슬림들을 초대하여 함께 만남을 갖도록 주선하고 서로 대화할 수 있도록 합니다. 우리는 세 개의 교육기관을 가지고 있습니다. 우리는 마을 사람들뿐만 아니라 마을 밖의 사람들을 위해서도 일합니다. 우리는 밖에 있는 서로 다른 그룹들을 위해 일하고 있습니다. 우리는 그들을 이곳으로 초대하여 서로 만남을 주선하는데 이것은 결코 쉬운 일이 아닙니다. 우리는 매우 작은 나라에서 살고 있습니다만 대부분의 유대인과 아랍인들은 결코 이러한 관계를 맺고 있지 않습니다. 대부분은 서로 만나지도, 일하지도, 공부하지도 않습니다. 그들은 처음 이곳으로 와서 대화를 나눕니다만 이 만남이 결코 쉽지 않음을 우리는 봅니다. 그러나 이것은 하나의 논쟁이며 시작의 한 부분에 해당합니다. 그래서 시작은 항상 쉽지 않습니다. 그들은 함께 사는 것과 하나 되는 것을 배워야 합니다. 이것들이 우리가 하는 일입니다.

우리는 위원회를 가지고 있습니다. 사람들이 지원해서 지원서를 작성하면 마을의 위원회에서는 신청서를 가지고 토론합니다. 그리고 가족들을 이곳으로 오도록 해서 인터뷰합니다. 때로는 정식 멤버가 되기까지 긴 과정을 거치는데 때로는 몇 년이 걸리기도 합니다. 왜냐하면 우리는 지원자들이 정말로 진실되기를 바라기 때문입니다. 왜냐하면 마을의 구성원이 되기 위해서는 우리의 이상을 살 수 있는 확신이 있어야 하기 때문입니다. 그러기 때문에 구성원이 되기 위해서는 여러 단계의 절차를 밟아야 합니다. 그러고 나서 위원회에서 투표로 받아들일지를 결정합니다.

마을에는 유대인들과 아랍인들로 나누어져 있는데, 아랍인들 중에는 그리스도인들과 무슬림들이 있습니다. 이곳에는 규정에 따라 다수가 없습니다. 유대인과 아랍인이 50:50입니다. 가족으로 말입니다. 유대인 30가족과 아랍인 30가족이 있습니다. 엄밀히 말하면 팔레스타인 사람들입니다. 그 안에 그리스도인도 있고 무슬림들도 있습니다. 중동에서 소수자는 그리스도인들입니다. 대다수는 무슬림들이지요. 그리고 이스라엘 안에서도 또한 팔레스타인들 안에서 무슬림들이 다수입니다. 그렇지만 우리는 가족들을 받아들일 때 종교를 구분하지는 않습니다. 우리는 종교에 대해서 묻지 않습니다. 우리에게 더욱 중요한 것은 국가입니다. 왜냐하면 이것이야말로 우리에게 있어서 유대인들과 아랍인들 모두에게 보여 주고 싶은 가장 중요한 것이기 때문입니다. 아랍인과 유대인이 함께 살 수 있다는 것을요. 이런 관점 하에서 당신은 다른 많은 분쟁을 고려해 볼 수 있을 것입니다. 종교적인 분쟁, 북아일랜드에서의 가톨릭과 프로테스탄트의 분쟁. 이것들은 같은 문제점들을 기초로 하고 있습니다. 다름입니다. 서로의 다름을 받아들이지 않는 것입니다.

유대인들은 군대에 가는데 아랍인들은 군대에 갈 수 없습니다. 유대인들은 아랍인들이 군대에 가는 것을 원하지 않습니다. 이곳에 있는 유대인들은 법에 의해 군대에 가야 합니다. 우리는 나라 밖에 사는 사람들이 아닙니다. 그렇지만 많은 우리 아이들은 군대에 가는 것을 거부했습니다.

그것은 쉬운 일이 아닙니다. 그들 중 한 명은 교도소에 갔습니다. 쉬운 일이 아닙니다. 여자들은 군대를 거부하기가 조금 더 쉽습니다. 그렇지만 남자들은 매우 어렵습니다. 이스라엘 사람이라고 해서 모두가 군대에 가는 것은 아닙니다. 종교인들은 군대에 가지 않습니다.

지난 30년 동안 가장 큰 문제점은 유대인 가족의 한 아들이 군대에서 죽은 것입니다. 이 마을에 사는 사람들은 군대에서 전투부대에 있었다는 것을 알지 못했습니다. 그래서 처음에 모두 큰 충격이었습니다. 그리고 모두 슬펐습니다. 젊은 청년을 잃어야 한다는 게 힘들었습니다. 유대인과 아랍인들 모두 그 가족을 돕는 것에 참여했고, 후에 가족들이 청년을 기념하는 기념탑을 만들기를 원했습니다. 그는 이스라엘이 점령한 레바논 남쪽 전쟁에서 전사했습니다. 이것은 우리에게 문제점이었습니다. 그리고 그것을 해결하는 데 1년이 걸렸습니다. 우리는 상담사가 필요했고, 많은 회의, 대화들을 했습니다. 우리 아랍인들은 유대인들이 정복한 땅에서 아랍인들을 죽인 유대인 군인의 기념비를 이곳에 세우는 것을 원하지 않았기 때문입니다. 더군다나 이곳은 평화의 마을이기 때문에 군인을 기념하는 기념비를 우리 마을에 세우는 것은 우리 마을의 이념과도 맞지 않는 것이었습니다. 우리가 진정으로 군인들을 인정하지 않는 것이 아니라 아마도 군인들이 아니라 우리는 폭력적으로 문제들을 해결하려고 하는 사람들을 인정하고 싶지 않은 것이었습니다. 그래서 우리는 거부했습니다. 따라서 우리가 거부한 것이 이곳에서 큰 쟁점이었습니다. 그것은 1990년대 후반의 일이었습니다. 그것은 1년의 세월이 걸렸고 매우 큰 문젯거리였습니다. 그러므로 우리는 어려운 과거를 지내야만 했습니다. 전쟁 시기 동안 모든 사람은 전쟁에 반대했고, 모든 사람은 침략이 끝나야 한다는 것을 알고 있었습니다. 여기에 있는 대부분의 사람은 우리들의 역사를 깨닫고 있습니다. 그리고 48년에 어떤 일이 일어났는지를 알고 있습니다. 얼마나 많은 팔레스타인 사람들이 죽었고, 얼마나 많은 팔레스타인 사람들이 학살되었는지를, 얼마나 많은 마을이 파괴되었는지를, 그들은 이 나라의 다른 어떤 유대인들보다도 이것을 잘 알고 있습니다. 그들은 이것이 매우 어려운 역사라는 것을 알고 그들은 이것을 받아들이지 않기에 평화적인 해결 방법을 찾는 것입니다. 팔레스타인들에게 보다 정의로운 것을……

대부분은 밖에서 직장을 가지고 있습니다. 대부분 학문적인 일에 종사하고 있고요. 돈을 많이 버는 직종은 아니지만 지적인, 학문적인 일에 종사하고 있습니다. 그리고 그중 소수만이 마을을 위해 일합니다. 학교나 게스트하우스 등에서……

브루노 신부님은 수도자였고, 신앙인이었기 때문에 처음부터 사람들이 모여 함께 기도하는 건물을 만들고 싶어 했습니다. 그는 삼각형의 건물을 짓고 싶은 계획을 세우고 있었습니다. 그러나 가족들은 그것에 반대했습니다. 우리는 밖에서 분리되어 있었는데 이곳에서도 종교에 의해 나뉘는 것을 원하지 않았고, 만약 우리가 기도해야 한다면 귀퉁이에 있는 것이 아니라 함께하겠다고 주장했습니다. 그래서 많은 회의 끝에 우주를 상징하는 안에 아무것도 없는 우주의 모든 인간이 함께할 수 있고, 함께 기도할 수 있는 둥근 모양의 건물을 짓는 것으로 결론지었습니다. 그리고 모든 인간이 함께할 수 있는 언어는 침묵이기에 우리는 그 건물을 '침묵의 집'House of Silence, 히브리어로 두미아Bet Doumia, 아랍어로 사키나Bet as-Sakinah라는 두 이름을 가지고 있습니다. 그래서 외부에서 오는 사람들은 의자 등 아무것도 없는 바닥의 카펫 위에 앉아 침묵 중에 기도합니다. 이것이 방법입니다. 이와 같은 방법으로 모든 사람이 평등해질 수 있습니다. 사람들은 와서 함께 기도할 수 있고 머물 수 있습니다.

우리는 가끔 우리들의 축제를 이곳에서 함께 지냅니다. 아랍 축제나

그림 6 명상 센터 '침묵의 집'의 내부

유대인 축제, 그리스도인 축제를 모두 함께 지냅니다. 우리는 성탄절을 지내고, 라마단을 지내고, 하누카를 지냅니다. 우리는 모든 것을 함께 지냅니다.

우리는 사람들의 개인생활에 대해 간섭하지 않습니다. 자유롭게 신앙생활을 합니다. 아무도 어떻게 기도하고, 신앙생활을 해야 하는지 이야기하지 않습니다. 남들에게 나의 신앙을 강요하는 것은 이 마을의 이념이 아닙니다. 각자는 각자의 신앙생활을 할 자유가 있습니다. 그렇다고 남들에게 강요하지는 않습니다.

이 마을에서 주요한 논의 사항은 대부분 정치적인 것들입니다. 우리는 불법 정착촌에 대해서 반대하고……. 이 마을이 시작한 지 30년을 맞이하면서는 군 복무에 관해 토론했습니다. 때로는 생각이 필요한 주제들에 대해서는 시간을 두고 숙고한 다음 후에 토론하기도 합니다.

우리는 거의 매일 저녁 다른 위원회들의 모임이 있습니다. 그리고 경우에 따라 모든 회원이 모이는 모임은 우리들의 필요에 따라 달라집니다. 모든 회원의 의견이 필요한 경우는 모든 회원이 모여 의견을 나눕니다.

이스라엘 정부는 이 마을을 좋아하지 않습니다. 왜냐하면 우리는 그들이 생각하는 정반대의 것들을 보여 주고 있기 때문입니다. 이스라엘 정부는 오로지 유대인들을 위한 국가를 원합니다. 우리는 상호 협력을 이야기하고, 양쪽 사람들의 권리를 이야기합니다. 우리는 때로 정부와 반대되는 내용을 이야기합니다. 그들이 한쪽으로 가면 우리는 다른 방향으로 가고 있습니다. 그러므로 그들은 우리를 돕기를 원치 않습니다.

작년에 유대인들의 공격이 있었습니다. 스프레이로 학교 벽에 낙서하고 여러 차를 부수었습니다. 극단적인 사람들은 그들과 다른 이들의 이상이 실현되는 것을 원하지 않습니다. 우리는 폭력으로 문제를 해결하려고 하지 않습니다. 그래서 아이들과 함께 벽들에 다시 그림을 그리고 아름답게 단장했습니다. 정부에서는 이 사람들을 진정으로 잡으려고 하지 않았고, 3개월 후에 이들은 다시 라투룬에 있는 수도원을 공격했습니다. 그들은 오래된 큰 아름다운 성당 문을 불태웠습니다. 그들은 또한 웨스트 뱅크와 예루살렘에 있는 모스크와 성당도 공격했습니다. 나는 정부가 이들을 멈출 수 있다고 생각하지 않습니다. 그리고 원치도 않습니다.

저는 처음 이곳에 오기 전에 예루살렘에서 살았습니다. 1980년대에…… 인티파다가 시작되어 많은 폭력이 자행되었습니다. 나는 이러한 폭력이 싫었고, 아이들이 이런 환경에서 자라나는 것을 원하지 않았습니다. 나는 자유롭고 나답게 살 수 있는 곳을 원했습니다. 예루살렘 어떤 곳에서는 사람들이 내게 다가와 왜 내가 우리 아이들에게 아랍어로 말하느냐고 물었습니다. 나는 이것이 우리 언어라고 이야기했습니다. 그러면 그들은 너는 이스라엘 사람이 아니냐고 따져 물었습니다. 그러면서 너는 히브리어를 말해야 한다고 했습니다. 그런데 나는 히브리어는 내 언어가 아니라고 대답했습니다. 나는 내 아이들에게 히브리어를 말할 수 없습니다. 이러한 민족주의적인 것들은 인티파다 이후 예루살렘에서 매우 강했습니다. 그래서 우리는 민족주의자들에게 대항해서 폭력에 대항한, 그리고 유대인과 아랍인이 상호 협력할 수 있는 그 어떤 것을 할 수 있는 곳을 찾게 되었습니다. 그래서 우리는 이 마을에 도착했습니다.

많은 사람이 이 마을을 알고 있지만 또한 많은 사람이 이러한 마을이 있다는 것이 잊히기를 원하고 있습니다. 특별히 많은 유대인이……. 지금 60가족이 살고 있고, 또 이미 34가족을 더 받아들여 집을 짓고 있습니다. 그리고 10년 안에 150가족에 이르게 될 것입니다. 이것이 최대 가족 수입니다. 우리는 그 이상 받아들일 수 있는 땅이 없습니다. 우리가 살고 있는 땅은 라투룬 수도원에서 기부한 개인 소유지입니다. 이스라엘 정부에서는 유대인과 아랍인이 함께 사는 것을 원치 않습니다.*

인간의 존재론적 물음에서 삶과 죽음에 관한 물음만큼 절실한 것은 없을 것이다. 따라서 인간은 나를 향한 내적인 성찰과 밖의 세상을 향한 외적인 관심에서 벗어날 수 없듯이 네베 샬롬 공동체는 종교와 정치 문제를 함께 생각하고 고민한다. 소유와 힘의 논리, 경쟁과 지배의 논리 속에서 강대국들은 그곳에 사는 사람들을 전혀 고려하지 않고 팔레스타인의 운명을 결정했다. 한국의 분단이 강대국의 힘에 의해 결정되었던 것과 마찬가지다. 네베 샬롬에 모인 사람들은 주어진 운명을 거슬러 스스로의 운명을 만들어 간다. 미래의 새 생명들에게 함께하는 평화로운 삶을 주기 위해서…….

키피판니 팔레스타인 시인의 글 한 토막을 소개하면서 글을 맺는다.

사라라는 유대인 여자 친구와 놀았던 어린 시절, 사바쓰(샤밧. 유대교 안식일) 때면 전기 기구를 만질 수 없는 유대인 이웃들을 위해 대신 전등불을 켜주고는 했다는 이야기, 이스라엘이 팔레스타인인들을 쫓아내지만 않았다면 유대인과는 아직도 친구였을 거라고…….

---

* Rita Boulos(Coordinator of the communications and development office and the visitors center), 대담자: 김상원(Theophilo, 이스라엘 무덤 성당) 신부, 대담 장소: Neve Shalom 사무실, 때: 2013. 11. 21(목) 오전 9시.

"여자들의 이야기가 길러낸 아들"에서(신경림, 자카라이 무함마드 외,
『팔레스타인과 한국의 대화』, 127쪽).

참고문헌

구스타브 멘슁(Gustav Menshing), 『불타와 그리스도』, 변선환 옮김, 종로서적, 1987.

김경재, 「종교다원론의 참뜻을 밝힌다」, 『기독교사상』, 1992. 7.

김영경, 「라비아 알-아다위야」, 『정신세계』, 2000. 3.

김재진, 「종교 다원주의 속에서 선교 신학적 모형 교체를 위한 구상」, 『기독교사상』 433호, 1995.

김종철, 『이스라엘: 평화가 사라져버린 5,000년 성서의 나라』, 리수, 2010.

김지영, 『유다인으로 오신 예수』, 성바오로딸수도회, 2000.

김창선, 『쿰란문서와 유대교』, 한국성서학연구소, 2007.

김창선, 『유대교와 헬레니즘』, 한국성서학연구소, 2011.

노먼 솔로몬, 『유대교란 무엇인가』, 최창모 옮김, 동문선, 1999 .

다테야마 료지, 『팔레스타인 그 역사와 현재』, 유공조 옮김, 가람기획, 2002.

마르틴 부버, 『하시디즘과 현대인』, 남정길 옮김, 현대사상사, 1994.

미르치아 엘리아데, 『성과 속』, 이은봉 옮김, 한길사, 2000.

박현도, 「무슬림의 정결례」, 『야곱의 우물』 통권 230호, 2013.

박현도, 「이슬람과 예수」, 『야곱의 우물』 통권 222호, 2012.

박현도, 「하느님 예수, 예언자 예수」, 『야곱의 우물』 통권 223호, 2012.

발터 M. 바이스, 『이슬람교: 한눈에 보는 이슬람교의 세계』, 즐거운 지식여행, 임진수 옮김, 예경, 2007.

버나드 루이스 엮음, 『이슬람문명사』, 김호동 옮김. 이론과실천. 1994.

성지보호관구 엮음, 『성지의 프란치스칸 현존』, 프란치스코출판사, 2005.

손주영, 『이슬람-교리 사상 역사』, 일조각, 2005.

수아드 아미리 외, 『팔레스타인의 눈물』, 자카리아 무함마드, 오수연 엮음, 도서출판 아시아, 2006.

신경림, 오수연, 자카라이 무함마드, 키파판니 외 26명 공저, 『팔레스타인과 한국의 대화』, 열린길, 2007.

신시아 코번,『여성, 총 앞에 서다』, 김엘리 옮김, 삼인, 2009.

샤이 J. D. 코헨,『고대 유대교 역사』, 황승일 옮김, 은성, 2004.

아르빈드 샤르마 외,『우리 인간의 종교들-힌두교, 불교, 유교, 도교, 유대교, 그리스도교, 이슬람』, 박태식 외 옮김, 소나무, 2013.

안네마리 쉼멜,『이슬람의 이해』, 김영경 옮김, 분도출판사, 2006.

알-가질리,『행복의 연금술』, 안소근 옮김, 누멘, 2009.

라이몬 파니카,『종교간의 대화』, 김승철 옮김, 서광사, 1992.

위르겐 몰트만,『오늘의 신학 무엇인가』, 차옥숭 옮김, 한국신학연구소, 1990.

유정원,「폴 니터의 종교 신학」,『사목』181, 1994.

이진우,「전체주의와 '정치적 자유의 의미」, 한나 아렌트,『전체주의의 기원 1』, 한길사, 2007, 13~29쪽.

E. P. 샌더스,『예수와 유대교』, 황종구 옮김, 크리스챤다이제스트, 2008.

일란 파페,『팔레스타인 현대사』, 유강은 옮김, 후마니타스, 2009.

정연호,『유대교의 역사적 과정: 바리사이파의 재발견』, 한국성서학연구소, 2010.

조철수,『유대교와 예수』, 도서출판 길, 2002.

조철수, 차옥숭, 김영경,『중동의 3대 유일신 종교 연구』, 학예사, 2007.

존 길크리스트,『꾸란과 성경의 비교 연구』, 전병희 옮김, 서로사랑, 2010.

차옥숭,「종교 다원주의 사회에서의 종교 간 대화와 협력에 관한 연구」,『신학사상』69집, 1990 여름.

최인식,「종교 다원주의 시대의 한국 교회와 선교」,『신학사상』93집, 1996 여름.

최창모 외,『유대교와 이슬람 근기에서 법으로』, 한울아카데미, 2008.

켄트웰 스미스(W. Cantwell Smith), 김승혜/이기중 역,『지구촌의 신앙』(The Faith of Other Men), 분도출판사, 1989.

토마스 이디노풀로스(Thomas A. Idinopulos),『예루살렘』, 이동진 옮김, 그린비, 2005.

토마스 첼라노,『아씨시 성 프란치스꼬의 생애』, 프란치스꼬회 한국관구 옮김, 분도출판사, 1994.

폴 니터,『오직 예수 이름으로만?』, 변선환 옮김, 한국신학연구소, 1987.

폴리비우스 요세푸스,『유대고대사』I, II, 김지찬 옮김, 생명의 말씀사, 1987.

폴리비우스 요세푸스,『유대전쟁사』I, II, 박정수 · 박찬웅 옮김, 나남(한국학술진흥재단 학술명저번역총서 서양편 226), 2008.

한나 아렌트(Hannah Arendt),『전체주의의 기원 1』, 한길사, 2007.

한나 아렌트(Hannah Arendt), 『예루살렘의 아이히만』, 김선욱 옮김, 정화열 해제, 한길사, 2009.

해롤드 카워드, 『다원주의와 세계종교』, 오강남 옮김, 대한기독교서회, 1993.

현경, 『신의 정원에 핀 꽃들처럼』, 웅진지식하우스, 2012.

홍미정, 『팔레스타인 땅, 이스라엘 정착촌』, 서경문화사, 2004.

홍미정, 「팔레스타인의 이해를 위하여」, 수아드 아미리 외, 『팔레스타인의 눈물』, 자 카리아 무함마드, 오수연 엮음, 도서출판 아시아, 2006, 269~276쪽.

홍순남, 「이스라엘의 팔레스타인 침공, 어떻게 볼 것인가?」, 토마스 이디노풀로스, 『예루살렘』, 이동진 옮김, 그린비, 2005, 439~463쪽.

Abraham Joshua Heschel, *Moral Grandeur and Spiritual Audacity*, Susannah Heschel, ed. New York: Farrar, Straus and Grioux, 1996.

Allison B. Hodgkins, *Israeli Settlement Policy in Jerusalem*, Jerusalem, 1998.

Balyuzi, H. M., *Mubammad and the Course of Islám*, Oxford: Geroge Ronald, 1976.

Boccaccini, G. *Roots of Rabbinic Judaism. An Intellectual History from Ezekiel to Daniel*, Wm. B. Eerdmans Publishing Co., 2002.

Brewer, D. I., *Techniques and Assumptions in Jewish Exegesis before 70 CE)*, Tübingen: J.C.B. Mohr, 1992.

Collins, J. J., *Apocalyptic Imagination. An Introduction to Jewish Apocalyptic Literature*, Michigan: Eerdmans Publishing Company, 1998.

Eugene Hoade ofm, *Guide to the HOLY LAND*, Franciscan Printing Press, Jerusalem, 1984.

Fine, S.(ed.), *Jews, Christians, and Polytheists in the Ancient Synagogue. Cultural interaction during the Greco-Roman period*, London: Routledge, 1999.

Fishbane, M., *The Exegetical Imagination. On Jewish Thought and Theology*, Harvard University Press, 1998.

Fishbane, M., *The Kiss of God*, Seattle: University of Washington Press, 1994.

Harold Coward, *Pluralism: Challenge to World Religions*, Maryknoll, New York:Orbis Books 1985.

Hengel, M., *Judaica et Hellenistica: Kleine Schriften I*, Tübingen: J.C.B. Mohr, 1996.

Hengel, M., *Judaica, Hellenistica et Christiana: Kleine Schriften II*, Tübingen: Mohr

Siebeck, 1998.

Hengel, M., "Judaism and Hellenism Revisited", Collins, J.J. and G.E. Sterling(ed.), *Hellenism in the Land of Israel*, University of Notre Dame Press, 2001.

Holtz, B. W.(ed), *The Schocken guide to Jewish books : where to start reading about Jewish history, literature, culture*, and religion, New York : Schocken Books, 1992.

Hussain, Amir. "Muslim, pluralism, and interfaith dialogue" in *Progressive Muslims* ed. Omid Safi, Oxford: Oneworld, 2003.

J. Crawford, 'Jews, Christians, and Polytheists in late-antique Sardis', Schwartz, H., *The Four Who Entered Paradise*, London: Jason Aronson, 1995.

Jonathan Sacks, *The Dignity of Difference: How to Avoid the Clash of Civilizations*, London and New York: Continuum, 2002.

John Hick, Hebblethwaite, *Christianity and Other Religions*, Philadelphia 1985.

J. McCarth, *The Population of Palestine: Population statisticsof the Late Ottoman Period and the Mandate*, New York: Columbia University Press,

J. Moltmann, Was ist heute Theologie?, Freiburg, 1988.

Kallen, H. M., *Judaism at bay; essays toward the adjustment of Judaism to modernity*, Arno Press, 2001.

Khalil Tufakji, "Settlements: A Geographic and Demographic Barrier to Peace", *Palestine-Israel Journal of Politics, Economics and Culture*, Vol.VII, No.3&4, 2000.

Noam, Chomsky, *The New Intifada, Resisting Israel's Apartheid*, London, New York, 2001.

M. S. Nordau, *Max Nordau to His People, a Summons and a Challenge, introdution by B. Netanyahu*, New York: Published for Nordau Zionist Society by Scopus Publishing Company Inc.

Meyer, M. A., *Judaism Within Modernity: Essays on Jewish History and Religion*, Wayne State University Press, 2001.

Neusner, J., W.S. Green, E. Frerichs (eds), *Judaisms and Their Messiahs at the Turn of the Christianity*, Cambridge: Cambridge University Press, 1987.

Moron Benvenesti, *The West Bank Data Project*, American Enterprise Institute Studies in Foreign Policy, 1984.

Mohammad Shtayyeh, *Scenarios on Jewish Settlements in the West Bank and Gaza Strip*, Al-Bireh, Palestine, 2000.

Pappe, "the Tantura Case in Israel: The Katz Research and Trail", Journal of Palestine Studies 30.

PASSIA, *The Palestine Question in Maps 1878~2002*, Jerusalem, 2002.

PASSIA, *100 years od Palestine history, A 20th Century Chronology*, Jerusalem, 2001, p.96.

Passia, *PASSIA Diary 2002*, Jerusalem, 2002.

Peter F. Langman, *Jewish Issues in Multiculturalism: A Handbook for Educators and Clinicians*, Jason Aronson, 1999.

R. Panikkar, *The Unknown Christ of Hinduism*, rev. ed, Maryknoll: Orbis, 1981.

R. Panikkar, *The Trinty and the Religions Experience of Man*, Maryknoll, N.Y: Orbis, 1973.

R. Panikkar, *Salvation in Christ: Concreteness and Universality. The Supername*, Santa Barbara, 1972.

Raja Shchadeh, *Occupiers Law: Israel and the West Bank*, Institute for Palestine Studies, Washington, 1985.

Schoeningh, *1983Abdullah Suhrawardy. The Sayings of Muhammad, Wisdom of the East Series*, New York, 1941.

Sandra B. Lubarsky, "Deep Religious Pluralism and Contemporary Jewish Thought", in Deep Religious Pluralism, David Ray Griffin ed. Louisville, Kentucky: Westminster John Knox Press, 2005.

Segal, A.F., *Rebecca's Children. Judaism and Christianity in the Roman World*, Massachussets: Harvard University Press, 1986.

Stemberger, G., *Jewish Contemporaries of Jesus. Pharisees, Sadducees, Essenes*, Minneapolis: Fortress Press, 1995.

Stieglecker, Hermann, *Die Glaubenslehren des Islam*, Paderborn u.a.: Ferdinand Schoeningh, 1983.

Stieglecker, Hermann, *Die Glaubenslehren des Islam*, Paderborn u.a.: Ferdinand Stonley J. Samartha, Courage for Dialogue, Maryknoll, N.Y:Orbis Books, 1981.

W. C. Smith, *The Meaning and End of Religion*, N.Y.: Harper and Row, 1978.

William E. Paden, *Religious World: The comparative Study of Religion*, Boston: Beacon Press, 1994.

William Wilson Harris, "Israeli Settlement in the West Bank, the Golan and Gaza - Sina, 1967~1980", University of Otago, New Zealand, 1980.

Yigal Allon, "Israel: The Case of Defensible Borders" Foregb Affairs, Vol.55, No.1, October 1976.

http://en.wikipedia.org/wiki/Israeli_checkpoint

http://en.wikipedia.org/wiki/Israeli_West_Bank_barrier

http://www.jewishvirtuallibrary.org/jsource/Society_&_Culture/newpop.html

http://www.jta.org/2013/09/08/news-opinion/israel-middle-east/condemn-muslim-riots-on-temple-mount-rabbi-says

찾아보기

사이 시리즈 발간에 부쳐

이화인문과학원 탈경계인문학연구단은 2007년 한국연구재단의 인문한국 (HK) 지원사업에 선정되어 '탈경계인문학'을 구축하고 이를 사회적으로 확산함으로써 한국 인문학의 새로운 지평을 창출하고자 하는 프로젝트를 수행하고 있다. '탈경계인문학'이란 기존 분과학문 간의 경계를 가로지르고 넘나들며 학문 간의 유기성과 상호 소통을 강조하는 인문학이며, 탈경계 문화 현상 속의 인간과 인간 경험을 체계적으로 성찰함으로써 경계 짓기로 대립하고 갈등하는 인간과 사회를 치유하고자 하는 인문학이다.

이에 연구단은 우리의 연구 성과를 학계와 사회와 공유하고자 '사이 시리즈'를 기획하였다. 탈경계인문학의 주요 주제에 대한 전문 학술서를 발간함과 동시에 전문 지식의 사회적 확산과 대중화를 위하여 교양서를 발간하게 된 것이다. 이 시리즈는 인문학에 관심을 가진 대학생들이나 일반인들이 새로이 등장하는 인문학적 사유와 다양한 이슈들에 쉽게 다가갈 수 있도록 쓰여졌다.

오늘날 우리는 문화적 경계들이 빠르게 해체되고 재편되는 변화의 시기를 살고 있다. '사이 시리즈'는 '경계' 혹은 '사이'에서 생성되고 있는 새로운 존재와 사유를 발굴하고 탐사한 결과물이다. 우리 연구단은 독자들에게 그 결과물을 제시하고 이를 토대로 상호 소통하는 계기를 마련하고자 한다. 인문학과 타 학문, 학문과 일상, 중심부와 주변부 사이의 경계를 넘어 공존과 융합을 추구하는 사이 시리즈의 작업이 탈경계 문화 현상을 새로이 성찰하고 이분법적인 사유를 극복하여, 경계를 넘나들며 다원적이고 통합적인 시각을 만들어 나가는 출발점이 되기를 기대한다.

2012년 3월
이화여자대학교 이화인문과학원 인문한국사업단